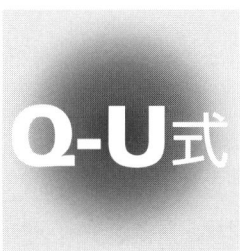

ギャングエイジ再生「満足型学級」育成の12か月

学級づくり

小学校中学年

河村茂雄　藤村一夫　浅川早苗　編著

図書文化

まえがき

学級経営の必要条件といえる型を押さえよう

　学校現場に根ざす，いじめ，不登校，学級崩壊などの問題を予防し，効果的な対応をするためのツールとして，私は学級集団を分析するための尺度Q-Uを14年前に開発しました（刊行は1999年）。現在では，学級集団の状態の如何が，子どもたちの学力の定着の度合い，いじめの発生率に大きな影響を与えることが実証的に証明され，よりよい学級集団，教育環境として良好な学級集団の育成をめざして，多くの学校・学級でQ-Uを活用した開発的な取組みがなされるようになってきました。いまでは全国190万人の児童生徒がQ-Uに取り組んでいます。小学校，中学校，高等学校の各学級のデータ数は10万を超え，その中では，学級経営に関するいくつかの知見も明らかになってきました。なかでも一番大きいのは，良好な教育成果を達成している学級は，学級集団の形成過程に類似点が多いということです。

　私はいままで，「学級経営は，教師個々の個性が生かされるもの」と強くこだわっていた面がありました。学校教育の大きな目標に向かっていることは共通でも，それぞれの教師の教育観や，それに基づく指導方法によって，教室での指導はさまざまに展開されるものだ，と。そして，そこにこそ人間教育のよさがある，と。

　この考え方の前提には，「方法論はそれぞれでも，最終的にはほとんどの学級集団が，教育環境として適切な状態になるだろう」という漠然とした仮説がありました。しかし，多くのQ-Uのデータを分析すると，特定のパターンの学級経営の手法をとった場合，マイナス面が生まれてしまうことが明らかになりました。マイナス面とは，学級が集団として成立しない，崩壊状態になってしまう，子ども同士の建設的な学び合いが生まれにくい，いじめや不登校が発生する可能性が高まる，などです。さらに，そのような方法論で学級経営をしている教師は少なくないという，驚くような事実も明らかになったのです。

　これは裏を返せば，「以前とは変わった」といわれる現代の子どもたちに対して，一定以上の教育効果をあげるための必要条件ともいえる，学級経営の考え方と方法論があるということを意味しています。その最大公約数を取り上げ，わかりやすく解説しようと試みたのが本書です。それがわかれば，若い先生方が，たとえ困難な場面に陥っても，極端に右往左往することはなくなると思います。中堅・ベテランの先生方も，「過去の対応方法はまったく通用しない」のではなく，現代の子どもたちの実態に合うようにどうアレンジし，経験に裏打ちされた指導技術をどう生かせばよいかが見えてくると思います。

　今回は大胆に，「一定以上の教育効果をあげるため」の学級経営のあり方，必要条件とも

いえる学級経営展開の型を提案しました。最低限の型を知らずに，自己流で試行錯誤して学級を崩壊させてしまっては，教師として形無しです。最低限の型を知っていて，それに創意を加えて自分らしい学級経営をする，それこそが指導力のある型破りな先生なのではないでしょうか。それでこそ，教師の教育観が生かされやすくなってくるのではないでしょうか。

Q-U式とは何か？

　集団は絶えず成熟と退行を繰り返しています。つまり，一直線によくなったり悪くなったりというのは少数で，ほとんどは途中の小さな上下を繰り返しながら，徐々に建設的・親和的にまとまったり，崩れたりしていきます。これは，人の生活習慣病と同じようなイメージです。私たちは，深刻な病気に至る前に早期発見し，より健康的に生活するために，定期的に客観的な検査をして，日々の生活習慣に気をつけています。Q-U式学級経営では，学級集団育成の理論にのっとり，学級集団の状態を定期的にQ-Uで検査して現状を押さえ，学級経営の展開の仕方を工夫することで，よりよい学級集団を育成していきます。「学級が荒れてきたからだめだ」と嘆くだけではなく，「一部の子どもたちが非建設的な行動をして集団全体の雰囲気を低下させている」と客観的に分析し，「では，これからどのように対応していけばよいのか」と次の対応を問題解決志向で考え，具体的に行動していくのです。

　学級集団を理解するためのQ-Uという共通の座標軸があれば，教師同士が連携して考えやすくなり，アドバイスもしやすくなります。チーム対応の必要性が強く叫ばれている昨今ですが，教師たちが具体的な現状把握と目標設定を共有することができなければ，「チーム」というかけ声はスローガンに終わってしまいます。Q-Uは，教師たちが子どもや学級を共通理解するための指標なのです。教師間の連携がうまくいっている学校では，ほとんどの学級が良好な状態になっていることも明らかになっています。

　日本の学校教育は，学級という集団を基本単位とし，学び合いを通して子どもたちの個性と社会性，学力を育成していきます。教育力の高い学級集団を育成するスキルとストラテジーは，これからの教師の指導力の中心になると思います。むずかしいですが，より有効な手立てはあるのです。それを多くの先生方が身につけ，自分の学級経営から，大きく日本の学校教育を向上させたいものです。

　1つ1つの異なる教室で試行錯誤されている多くの先生方にとって，本書がよりよい教育実践を展開するうえでのたたき台になれば幸いです。

　　　2009年　初夏

　　　　　　　　　　　　　　　　　　　　　　　　　　　　　　　　　河村　茂雄

目次
Q-U式学級づくり　小学校中学年

まえがき ……………………………………………………………………………… 2

第1章　Q-U式学級づくりとは　　　　　　　　　　　　　7

第1節　いまこそ学級集団の重要性に注目せよ ……………………………… 8
第2節　Q－Uを用いた学級集団づくりの考え方 …………………………… 10
第3節　データが示す学級集団育成の戦略 …………………………………… 12
第4節　1年間の流れ …………………………………………………………… 14
第5節　小学校中学年の学級経営のポイント ………………………………… 16
第6節　学級集団を育てる教師の指導行動 …………………………………… 20
第7節　ベースとなる学校体制 ………………………………………………… 24

第2章　中学年の学級づくりで押さえておきたいこと　　　31

第1節　中学年の子どもたちが抱える課題 …………………………………… 32
第2節　中学年の集団づくりの留意点 ………………………………………… 34
第3節　「ルール」と「リレーション」確立のコツ ………………………… 36
第4節　中学年を育てる教師の力量 …………………………………………… 38

第3章　ギャングエイジを再生する学級開きの指導　　　　41

第1節　中学年の学級開き－指導のポイント－ ……………………………… 42
第2節　学級開き1日目 ………………………………………………………… 44
第3節　学級開き2日目 ………………………………………………………… 46
第4節　学級開き3日目 ………………………………………………………… 48
第5節　学級開き4日目以降 …………………………………………………… 50

第4章　学級づくり12か月 －そのねらいと方法－　　53

本章の構成 ……………………………………………………………………54

4月1週目は，**学級に前進的な雰囲気をつくる**
特色と方針 56　日常指導 58　授業・学習 60　学級活動 62　保護者対応 64

4月～ゴールデンウィークまでは，**安心してかかわれる友達をつくる**
特色と方針 66　日常指導 68　授業・学習 70　学級活動 72　保護者対応 74

5月～7月は，**ルールの定着と，友達とのかかわりを増やす**
特色と方針 76　日常指導 78　授業・学習 80　学級活動 82　保護者対応 84

Q-Uで Check！　5, 6月に見るべきポイントと，学級づくりの見直し方・86

夏休み前1週間は，**「学級の一員でよかった」と感じさせる**
特色と方針 88　日常指導 90　授業・学習 90　学級活動 91　保護者対応 91

夏休み明け1週間は，**落ち着いた学校生活を送らせる**
特色と方針 92　日常指導 94　授業・学習 96　学級活動 98　保護者対応 100

9月～10月は，**一丸となって行動させる**
特色と方針 102　日常指導 104　授業・学習 106　学級活動 108　保護者対応 110

Q-Uで Check！　10, 11月に見るべきポイントと，学級づくりの見直し方・112

11月～12月は，**人間関係の範囲を拡大させる**
特色と方針 114　日常指導 116　授業・学習 118　学級活動 120　保護者対応 122

冬休み前1週間は，**「やればできる」と感じさせる**
特色と方針 124　日常指導 126　授業・学習 126　学級活動 127　保護者対応 127

1月～2月は，**子どもたちの願いを実現させる**
特色と方針 128　日常指導 130　授業・学習 132　学級活動 134　保護者対応 136

春休み前1週間は，**新しい学年への意欲をもたせる**
特色と方針 138　日常指導 140　授業・学習 140　学級活動 141　保護者対応 141

| 第5章　思い出に残る最高の学級集団 | 145 |

コラム　Q-Uとは……………………………………………………………26
　　　　中学年の集団体験不足が，将来に与える影響……………………40
　　　　Q-Uの結果の活用方法とK-13法………………………………142

あとがき……………………………………………………………………150
索引…………………………………………………………………………152

第1章

Q-U式学級づくりとは

第1節

いまこそ学級集団の重要性に注目せよ

●学級集団の状態は教育効果を左右する

　日本の学校教育は，学級集団を単位にして，その中で子どもたちに生活や授業・活動の体験学習を展開していくところに特徴があります。学級集団は，小さいながらも子どもたちにとっては社会であり，重要な教育環境なのです。

　現代の子どもたちは，生活体験，対人関係が希薄化したために，心理社会的な発達が促進されていない場合が多く，精神的に幼くなっています。その結果，自己判断が苦手で，周りの雰囲気，学級集団の状態に流されやすくなっています。ですから，学級集団の状態は，子どもたち1人1人の行動に大きな影響を与えるのです。

　学級集団が教育環境として機能するためには，目安となる一定のレベルがあります。そのレベルの状態を十分に満たすと，学級は集団として次のレベルに成熟します。逆に，その状態を満たしきれなくなると，学級集団は下のレベルに退行します。

＜学級集団のレベル＞

・**第1レベル**：安全が守られ安心して生活・活動できると思える状態
　これが満たされないと教室に入ることさえ不安を覚え，授業にも集中できません。

・**第2レベル**：学級集団での生活や活動が安定していると思える状態
　級友同士で仲よく生活・活動できることで，この学級集団に所属していたいという思いが生まれてきます。みんなと同じように，いろいろなことに取り組みたいと思えるのです。

・**第3レベル**：自分らしさや個性をみんなから認められていると思える状態
　この結果，授業やさまざまな活動に取り組む意欲が高まってきます。同時に，みんなから認められることで自己受容感が生まれ，それは他者も受容しようとする心の奥行きを広げていきます。子ども同士の協同の活動や，日々の集団生活の中で発生する，人間関係の相互作用が活発に建設的になっていきます。

・**第4レベル**：自分の理想を追求したいと思える状態
　他者からの承認の有無にかかわらず，自分の納得できることに自ら取り組んでいこうとします。子どもの内発的な動機が強く発揮されていきます。

学級崩壊は第1レベルを満たせない学級状態であり，教育実践の効果を得るためには第3レベル，第4レベルに成熟した学級集団の状態が必要です。同じ教科書で，同じような指導が行われたとしても，各学級の学級集団の状態・レベルによって，その教育効果に大きな差が生まれることは明白です。

　私はこの点を，実態調査で明らかにしました。所属する学級集団の状態・レベルによって，子どもたちの学力の定着度，いじめの発生率，不登校の出現率に大きな差があること，これらの問題は相互に関連していること，を発表したのです（詳細は，拙著『データが語るシリーズ①②③』図書文化，参照）。

　この発表によって，学級経営の重要性が改めて学校現場に浸透したように思います。「授業不成立や学級崩壊をさせないための学級経営」という対症療法的な考え方から，「教育効果をより向上させるための学級経営」という開発的な考え方に変わってきたと思います。子ども同士の対人関係を親和的に活性化させ，役割と責任がある集団の中で，子ども同士の相互作用が積極的になされるように，学級集団づくり・学級経営を充実させようという発想です。

●「学力の育成」と「心の教育」をトータルに展開するために

　不登校やいじめ問題，学級崩壊，学力の向上，生きる力の育成，特別支援教育の推進——学校教育にかかわるこれらの問題は，一見それぞれ独立しているように見えますが，その背景には共通するものがあります。これらの問題に対処するための最大公約数は，「教育力のある学級集団の育成」と「その中での適切な教育実践の展開」です。そしてこれこそが，学校教育の基盤となる取組み，つまり学級経営なのです。

　これまで学校では，既成の集団に適応できない一部の子どもたちをどうするかが問題とされてきました。それが，これからはいっそう深刻になり，学級に集まったすべての子どもたちについて対人関係を形成しながら，教育活動を展開できる集団を育成する・その中で子どもたちの心理社会的な発達を効果的に支援することが必要な段階に入ったのです。

　小学校で，学級集団の維持がむずかしいからと毎年リセットのために学級編成替えをしたり，1学級の子どもたちの人数をより減らしたり，という事例を見かけますが，これらは一時的な対症療法でしかないでしょう。これからの教師は，開発的な学級経営の必要性を念頭におき，現代の子どもたちに合った集団育成のスキル，集団活動を展開するためのスキルを獲得，発揮していくことが切に求められると思います。

第2節

Q-U を用いた学級集団づくりの考え方

●定期的なアセスメントで実践を修正していく

　学級集団の育成は，私たちの健康管理，とくに生活習慣病への対応と似た面があります。これさえ食べてこの運動さえしていれば大丈夫というものはありません。自分の体は自分がいちばんよくわかるから定期検査などはいらない，というのも無謀です。結局，「①栄養のバランスのよい食事と十分な睡眠をとり，適切な運動をする」という目標に対して，「②定期的な健康診断」を受けて，その結果から「③日々の食事や運動について望ましい方向に修正して，生活していく」，という流れをとります。

　Q-U を生かした学級集団づくりでは，「①学級内のルールとリレーションを確立し，子ども同士の建設的な相互作用の活発な学級集団を育成し，その中で授業や諸々の活動を通して子どもたち1人1人を育成していく」ことが目標です。この目標に対して，定期的な健康診断に当たるのが「②Q-U の定期的な実施」です。そして，「③テキストや教員研修などを参考に，学級に合うように修正して実践していく」のです。

●実証的証拠に基づいた教育実践モデル

　学校現場での困難な問題の背景には，子どもたちの心理面や行動の変化に，教師たちの経験則に基づく従来の対応が通用しなくなってきた面があります。このような現状の中で，教育実践の原点に返って，次の5段階のプロセスをきちんとやっていこうというのも，Q-U を生かした学級経営の目的の1つです。

```
Ⅰ　子どもの実態，学級集団の状態を適切に把握する（アセスメント）
Ⅱ　Ⅰに対して有効性が確認されている先行実践を調査する
Ⅲ　ⅠとⅡを判断し，実践する計画を立てる
Ⅳ　実践を行う
Ⅴ　実践の成果を節目ごとに客観的に評価する
　　（Ⅰのときと同様の調査法を用いて，事前と事後の差から検討する）
```

これからの教育現場には，「インフォームド・コンセント」と「アカウンタビリティ」が求められます。

インフォームド・コンセント（説明と同意）とは，教師が自分の教育実践（教育観や方法論など）を，子どもや保護者，ひいては地域社会に対して事前に説明し，取り組むことへの同意を得ることです。同意を得るためには，根拠として客観的なデータ，有効な実践事例のデータが必要になります。Ⅰ，Ⅱ，Ⅲがこれに該当します。

アカウンタビリティ（説明責任）とは，学校や教師には，取り組んだ教育実践についての内容とその成果を，保護者や地域住民が納得できるように説明する責任があるということです。これはⅣ，Ⅴに該当します。

本書で提案する学級経営のあり方も，これらのプロセスをふまえています。

Ⅰ　子どもの実態，学級集団の状態をアセスメントするための客観的な指標として，Q-Uを用います。Q-Uは信頼性と妥当性が高く，短時間に簡単に取り組め，実践事例が多いからです。最初の実施は5月〜6月上旬が理想です。

Ⅱ　河村の研究室が保管する1万を超える学級集団のQ-Uのデータから，教育成果が良好だと判断される上位の取り組み（※）を抽出して，担任していた先生方から，学級経営の基本方針，具体的な指導行動，授業の展開の仕方，諸々の活動の展開の仕方を聞き取り，その最大公約数をプログラム化しました。それを，有効性が確認されている先行実践と位置づけました。

Ⅲ　Ⅱに取り上げたプログラムを，教育実践の専門家（Ⅱで取り上げた学級の担任の先生方）が検討し，経験の少ない先生，特別の能力がない普通の先生でも無理なく取り組める展開方法を選んで，時系列のモデルとして4章に具体的に示しました。

Ⅳ　各学級にはそれぞれの状態が現出します。そこで，集団の状態に準じて陥りがちな状態や問題を取り上げ，実践を修正する目安として示しました。

Ⅴ　節目ごとに実践の成果を客観的に評価するために，Q-Uを再度実施します。前回との変容の様子から，今後の学級経営の展開の仕方を，再度計画するわけです。望ましい実施時期は，年2回実施ならば10月の中旬（その後年間の実践の検討を整理します），年3回実施ならば，10月，2月の中旬が理想です。

※学級生活に満足している子どもたちが80％以上，不登校・いじめ被害の発生がない，学力の定着度がNRT検査で有意に高い，という条件を満たす学級の実践

第3節

データが示す学級集団育成の戦略

●本書が目標とする学級像

　Q-Uのデータから，教育成果が良好だと判断される（学級生活に満足している子どもたちが80％以上，不登校・いじめ被害の発生がない，学力の定着度がNRT検査で有意に高い）学級の状態を調べると，それらは結果的に「親和的なまとまりのある学級集団」の状態になっています。これは，第1節で述べたように，学級集団の状況が教育効果に影響していることを示しています。

　「親和的なまとまりのある学級集団」は，まったく問題が発生しない学級というわけではありません。対人関係が活発な学級ですから，子ども同士のさまざまな考えや意見の対立が起こります。しかし，子どもたちは友達とかかわるための基本的なソーシャルスキルを身につけており，かつ学級にルールが定着し，相互に信頼感も高まっていますから，問題が起こっても建設的に対応していけるのです。その結果，不登校やいじめの発生もきわめて少なく，子どもたちの学力も高いレベルで定着するのだと思います。

　本書では，このような状態の学級集団を育成することを目標としています。

●学級集団づくりの必要条件

　目標とする学級集団の状態に大きな影響を与える学級の要因は，次の2点です。

＜ルールの確立＞

　家庭で好きなように生活するのと，集団生活を送るのとではわけが違います。教室に集まった子どもたちが共に活動できるようになるためには，共通の行動規範・行動様式を身につけることが必要です。それゆえ，他者とのかかわり方とかかわる際のルール，集団生活を送るためのルール，みんなで活動する際のルール，が学級集団内に共有され定着していることが必要です。それがないと，行動の仕方がわからずにトラブルが続出し，傷つきたくないので，他者とかかわらなくなってしまいます。

> ＜リレーションの確立＞
> 　リレーションとは，互いに構えのない，ふれあいのある本音の感情交流がある状態です。学級内の対人関係の中にリレーションが育つことで，子ども同士の間に仲間意識が生まれ，授業，行事，学級活動などの活動が，協力的に活発になされるようになります。休み時間や給食などの学級生活も楽しいものになっていきます。

　ルールが学級内に定着していると，子どもたちは安心して友人とかかわることができます。したがって，子ども同士のリレーションを形成するためには，ルールの定着が不可欠になります。また，学級内にリレーションがあると学級生活が楽しいものになります。子どもたちはこの状態を守りたいと考え，自らルールを守ろうとするものです。そこで，学級内にルールを定着させるためには，リレーションが必要なのです。ルールとリレーションは表裏一体のものであり，同時に確立していくことが大事です。

●本書が提案する具体的な対応について

　具体的な学級経営の進め方については，Q-Uを用いた学級経営の実践活動を共に展開する仲間の現役教師たちに，2章以降に解説してもらいました。この先生方は大学院で心理学を学び，教師経験も豊かで，教育委員会や各学校の校内研修の講師として活躍されている方々です。そういうメンバーと，Q-Uのデータから見えてきた学級集団づくりのポイントを何度も検討しました。そして，基本的な力量を有した教師ならば取り組める，現在最も確実と思われる学級経営のモデルを設定し，その内容を具体例と共に解説してもらいました。

第4節

1年間の流れ

　Q-U式学級経営では，学級にルールとリレーションをバランスよく確立しながら，子どもたちが2人組から4人組，4人組から8人組へと，徐々にかかわりあう集団のサイズを大きくしていけるように援助します。そして最終的には，親和的でまとまりのある学級集団がもつ教育力を利用して，1人1人の成長を導いていきます。
　ここでは，学級経営の1年間の流れを，学期を追って見ていきたいと思います。

● 1学期　～基盤固め・小集団から中集団へ～

　1学期の目標は，学級集団の状態の＜第1レベル＞＜第2レベル＞（P.8参照）の達成です。ルールとリレーションをバランスよく定着させながら，子どもたちが少しずつ生活のリズムをつくり，活動になじんでいけるように状況を形づくっていきます。
　配慮するポイントは次の点です。

> ①最初は子どもたちに二者関係をつくることを常に意識し，教示的に対応して，孤立する子どもがないように留意します。学級に生活するリズム・行動の規範をつくっていきます。
> ②係活動などの役割行動を介して責任感を育てるとともに，そこに認め合いの場を設定することで，ルールとリレーションのバランスのよい定着をめざします。
> ③教示的な対応から徐々に説得的な対応へと柔軟な対応を心がけ，学級集団をゆっくり確実に育成していきます。
> ④子ども1人1人が承認感を得られるような活動場面を設定し，子ども相互の認め合いをもとに集団を育成していきます。

● 2学期　～中集団での活動体験を積み重ね，学級全体のまとまりへ～

　2学期の目標は，学級集団の状態の＜第3レベル＞を達成し，学校行事などに学級全体で取り組むことを通して，＜第4レベル＞の達成をめざすことです。
　学級のルールが子ども1人1人の内面に定着し，リレーションの輪が広がり，学級がより大きく組織的にもまとまり，子どもたちの活動する満足感が高まっていく状況

を形づくっていくのです。

　配慮するポイントは次の点です。

> ①学級生活のリズムを定着させていきます。大きな活動により大きな集団で取り組めるように，役割に対する責任意識を高め，それと同時に認め合いを奨励していきます。
> ②学校行事に学級全体で取り組む活動を通して，協同活動を成し遂げたという大きな充実感の体験を積み重ね，自信をもたせます。子どもたちが人と協力する楽しさを知り，学級がより大きな集団に着実に形成されていくよう支援します。
> ③子どもたちの役割活動・感情交流が活性化するにしたがって，教師は参加型の支援にシフトします。また，体験を振り返る場を設け，子どもたちが体験を意味のある「経験」として消化できるようにして，新たな取組みに自ら取り組んでいこうという意欲と自信を引き出していきます。

●3学期　～良好な学級集団での体験の積み重ね，自分らしさの育成へ～

　3学期の目標は，学級集団の状態の＜第4レベル＞の達成です。

　子どもたちは大きな集団の中でも自分らしく生活・活動するようになってきます。自分の存在が集団にも寄与できていることを実感できる状況を支援し，同時にその中で個としての自分を見つめる場面を盛り込んでいきます。

　配慮するポイントは次の点です。

> ①学級集団が，強いリレーションの中で高い機能性をもつようサポートします。形や成果だけではなく，活動に取り組んだプロセスの質を大事にするように支援します。
> ②学級集団が「親しき仲にも礼儀あり」という，親しみと規律が統合された集団になっていくように支援します。
> ③教師はポイントを全体に問題提起するに留めるなど，委任型の対応をすることで，子どもたちがさまざまな活動体験を通して，自らの気づきから学べるように支援します。
> ④教師の思いや考えをより率直に自己開示し，子どもたちが教師の価値観や生き方から多くのことに気づき，学べるような場を設定します。

第5節

小学校中学年の学級経営のポイント

●Q-Uからわかる全体傾向

中学年の各学級のQ-Uのデータを見てみると，次のことに気づかされます。

・学級生活満足群に80％以上の子どもがいる「親和的なまとまりのある学級集団」が，低学年に比べると少ない。
・学級生活満足群に100％近くの子どもが集中する「親和的なまとまりのある学級集団」は，中学年が多い。
・「ばらばらな学級集団」から「荒れ始めの学級集団」へ退行していく事例が，とても多い。
・「崩壊した学級集団」は，低学年に比べて多い。

学校現場では，中学年の子どもたちは，「活動的」「素直にがんばる」「みんな一緒という気持ちが残っている」と見られ，低学年や高学年と比べると担任しやすいイメージがあり，教職経験の浅い若い教師が担任されていることが多いと思います。しかし，Q-Uのデータを見てみると，中学年の学級集団の形成は，高学年や低学年と比べて必ずしも良好という結果ではありません。

中学年の学級経営のポイントを，Q-Uのデータ・事例から確認したいと思います。

●ポイント1：教師の参加的リーダーシップで推進する

中学年では，最初は教師主導で始めたことを，子どもたちに「みんなで決めて，みんなで活動し，みんなで協力してうまくできた。それがとても楽しかった」という共有体験として，積み重ねさせることが大切です。この流れを，教師の参加型のリーダーシップで，推進します。例えば，教師が遊びのリーダーとなって，子どもたちと一緒に遊ぶというのも，中学年ではとても必要なことです。

●ポイント2：子どもたちの自発的な活動を仕組む（活動の雰囲気づくり）

活動意欲が高い中学年の子どもたちには，「自分たちでやってみよう」という雰囲

気を形成したうえで，活動に取り組ませることが大事です。

そこで，活動の前には，子どもたちの活動への興味や関心を高める導入を必ず入れます。例えば，活動の全体像がわかるような話，写真や絵を使ったプレゼン，想定される取り組みの成果，などを教師から楽しく伝えます。

ここの部分を軽視して，「授業だから取り組ませる」「行事だからやらせる」という形の導入だと，子どもたちの活動意欲は，自発的なものになりません。これが続くと，徐々に教師の指示が通らなくなり，子どもたちは反発するようになるでしょう。

●ポイント3：活動のルールは「みんなで決めて，みんなで守る」ように

楽しく活動するためには，どのようなルールが必要かを，子どもたち自身に考えさせます。中学年の子どもたちは，こういう「自分たちで決めたことを自分たちでやる」形だと，ルールを守ることにも，楽しみながら取り組めます。

最初，ルールの一つ二つは教師から出して，「ほかに無いかな？」という展開でもOKです。最終的に，子どもたちの意見を，教師がまとめ，「みんなの意見」として，子どもたちと一緒に確認します。

大切なのは，ルールとして決める段階に必ず子どもたち全員を立ち会わせて，「みんなで決めたルールである」，「みんなで決めたルールのもとで，みんなで活動する」と，子どもたち自身に確認させることです。

●ポイント4：子ども同士の役割交流を支援する

班活動や係活動では，子どもたちは，それぞれの役割を通して，ほかの子どもや学級集団とかかわります。こうした役割交流には，子どもたちに，対人関係の際の自主性を発揮させやすくする面があります。

役割分担のときは，事前に，役割ごとの活動の目的を具体的にします。そして，役割をまかされたら，それに伴って果たす責任が生じることを，全体で確認させます。

同時に，役割をまかされたら，その仕事については，自分で考えて取り組める権限があること，また，役割を通して，ほかの人とかかわっていける権限があること，を確認させます。

教師は，以上の，活動目的の明確化，役割に伴う責任と権限の意識化，各分担の子どもたちの具体的な役割活動を，参加型のリーダーシップで支えていきます。

●ポイント5：個の活躍を認め合う場面設定を

　役割活動は，子ども同士で認め合いをさせる，絶好の機会です。友達からほめられれば，子どもは自信がつきます。

　また，役割活動は，子どもたち一人一人に，「自分は周りから期待されている」，「みんなに貢献できている」と感じさせる機会でもあります。学級の全員に何らかの役割をもたせることで，一人一人の，集団への帰属意識，意欲も高まります。

　そこで，班活動や係活動などの役割活動には，必ず振り返りの時間を設定します。そこで，教師からのフィードバックはもちろん，子ども同士で感情交流をさせ，一人一人の取り組み，存在を認め合わせます。

　そして，教師は，ここでも，子どもたちが「自分たちで認め合いができた」と感じられるように，活動を支えます。具体的には，子どもたちの振り返りのなかで，地味で目立たない役割の子が取り上げられなかったら，教師がその子の活躍を意識的に発表し，みんなで認め合うように方向づけます。

●ポイント6：活動展開を工夫する

　中学年の子どもたちの意欲は，教師が行動の枠組みを設定してあげることで方向づけられ，そして，子どもたちは，たくさん活動できるようになります。

　そこで，教師は，活動内容や展開が，ある程度テンポのよい流れになるように，事前に計画します。また，子どもたちが活動しやすくなるようなルールを，教師が設定したり，あるいは，子どもたち自身で決められるように見守ります。

　子どもたちが，「何をしていいかわからない」「つまらなくなってきた」と感じる状況では，子どもたちの意欲が自発的なものになりません。子どもたちの逸脱行動を常に注意している教師は，活動のさせ方を工夫することが必要かもしれません。

●ポイント7：リーダーになる子どもを固定しない

　子どもたちのなかには，全体を引っ張るリーダータイプの子がいれば，うまくみんなとかかわれない子，みんなと同じように取り組めない子も見られます。

　中学年の子どもたちは，お互いの能力差になんとなく気づき始めています。運動でも，学級活動でも，授業でも，いつも同じ子がリーダーシップをとるようでは，子どもたちの間に序列が生まれます。また，学級内に，閉鎖的な小グループが出現します。この歪みが，やがていじめなどにつながることもありますから，注意が必要です。

そこで，教師は，活動ごとに，役割を設定してあげ，多くの子どもにリーダーシップを取れるような体験をさせることが求められます。

●小学校中学年に最適な学級経営のパターン

以上のような対応が，「満足群を中心にその周辺におぼろ月のように児童が分布している状態」から，徐々に学級生活満足群にみんなが集まる「親和的なまとまりのある学級集団」（満足型学級）を現出させることになります。まとめると，以下のようになります。

スタートは
広がりのある満足型学級のプロット

満足型学級のプロットに
2学期中にもっていく

・教師と児童の関係をしっかり築いてから，子ども同士のかかわりを徐々に広げる
・楽しい行動パターンでルールを自然に定着させる

・ルールを守ってみんなで行動すると楽しいという経験をたくさんさせる
・うまく適応できない子を個別にケアする

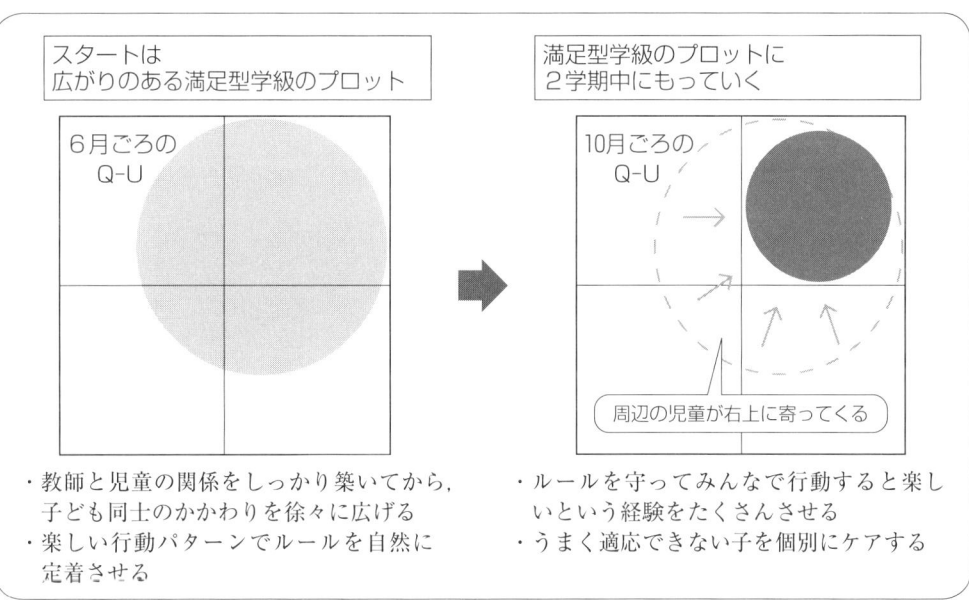

また，Q-U や hyper-QU で診断される学級集団の状態は，P. 8 に示した「学級集団のレベル」で，学級がどの段階にあるかの目安になるので，参考にしてください。

学級集団のレベル

第1レベル	第2レベル	第3レベル	第4レベル
安全が守られ安心して生活・活動できると思える状態	学級集団での生活や活動が安定していると思える状態	自分らしさや個性をみんなから認められていると思える状態	自分の理想を追求したいと思える状態

退行 ←→ 成熟

親和的なまとまりのある学級集団 …… 第3レベルを満たしている
かたさの見られる学級集団 …… 第2レベルを満たしていない
ゆるみの見られる学級集団・ばらばらな学級集団 …… 第1レベルを満たしていない
荒れ始めの学級集団・崩壊した学級集団 …… 第1レベルを著しく満たしていない

※各レベルを満たしているとは，学級の子どもの70%が達している状態を想定しています。

第6節

学級集団を育てる教師の指導行動

●教師の指導行動が及ぼす影響

　学級づくりについて考えるとき、私たちは「何をしたらよいか」ということに注目しがちです。しかし、同じ活動を行う場合でも、教師が子どもたちに「どのように説明したか」「どのような対応をしたか」ということは、学級の雰囲気に大きな影響を及ぼします。

　したがって、学級づくりを考えるうえでは、教師が自分の指導行動のあり方を吟味し、工夫していくことも大切です。基本的には、教育の目的、学級経営の目的を明確にしたうえで、次の3つのステップを踏むことになります。

---
① 　学級の子どもの特性、学級集団の状態をアセスメントする
② 　①の結果に沿った指導行動のスタイルを採用し、応じた指導行動を発揮する
③ 　成果を適宜評価し、微修正をしながら柔軟に指導行動を発揮する
---

　①のアセスメントと、③の定期的な評価には、Q-Uを活用することができます。
　ポイントは②です。学級集団の状態に応じて、教師はどのような指導行動をとればよいのでしょうか。どのような視点で、対応を微修正したり柔軟にしたりしていけばいいのでしょうか。

●効果的な指導行動のあり方

　この問いに応える代表的な理論として、SL理論（シチュエーショナル・リーダーシップ理論）があります。これは状況適合論の1つで、教師の指導行動の有効性は、そのときそのときの状況の如何に左右されると考えます。つまり、どんな状況でも効果的なオールマイティな方法というものはなく、所属している子どもたちの特性や学級集団の状態によって、教師はリーダーシップの取り方を変化させることが必要だというのです。その目安は以下のとおりです。

1) 混沌・緊張－2人組の段階

> 子ども同士の交流が少なく，1人1人がバラバラの状態で，集団への所属意識も低い，学級のルールも共有されていない学級集団の状態　**⇒教示的な対応**

学級集団の＜第1レベル＞達成に向けて

　教示的とは，1つ1つやり方を教えていくこと，手本を示してやり方を理解させていくことです。

　子どもたちは，他の子どもたちとどうかかわればよいのかまだ戸惑っている状態です。子ども同士でかかわる，何人かで活動する，そのためのやり方を，教師が1つ1つ教えて共有させていきます。

　学級集団を育成する以前に，個々の子どもと教師との関係づくりが必要な段階だといえます。1人1人に対して個人的レベルで十分に対応します。

2) 4人組－小集団の段階

> 内部にいくつかの小グループがあり，子どもたちは自分のグループ内だけで固まって，独自の行動をしている学級集団の状態　**⇒説得的な対応**

学級集団の＜第2レベル＞達成に向けて

　説得的とは，なぜそのようなルールが必要なのか，どうしてこのように行動しなければならないのかを詳しく説明し，子どもが理解して納得できるようにする対応です。そのうえで，「さあやってみよう」と子どもたちが抵抗なく取り組みやすいように，指示を出していきます。

　この段階では，3～4人の小グループが乱立し，また，それらに入れない子どもたちが孤立傾向にあるなど，集団としての成立がまだ不十分な状態です。小グループの利益が全体に優先し，互いのエゴがぶつかって，グループ間の対立も少なくありません。教師は，個人的レベルと並行して，集団全体に対しても，十分に説得的な対応を行う必要があります。大事な内容，教師の考えや意見は，特定のグループの子どもたちだけに話すのではなく，学級全体の場で表明する配慮が求められます。特定のグループの子どもたちだけに伝えると，他のグループとの対立の中で，「先生はこう言った」という具合に，曲解されて伝えられてしまう場合があるからです。

3) 小集団－中集団の段階

> いくつかの小グループが連携できる状態にあり，それらのグループが中心となって，全体の半数の子どもが一緒に行動できる学級集団の状態　⇒参加的な対応

学級集団の＜第３レベル＞達成に向けて

　参加的とは，「ああしなさい，こうしなさい」と上から指示を出すのではなく，「自分たちでやってみよう」という子どもたちの機運を大事に，教師も学級集団のいちメンバーとして参加する形をとり，リーダーシップをとっている子どもたちをさりげなくサポートして，集団のまとまり，活動の推進を陰で支えていく対応です。

　この段階になると，学級集団の機能が成立し，子どもたちは集団として動けるようになってきています。子どもたち自身が体験しながら学習することで，学級集団で活動するためのコツをつかむことが必要な段階です。教師は一歩引いた形で活動に参加しながら，しっかり集団や活動を支え，「自分たちでできた」と子どもたちに花をもたせるようにしていくわけです。

4) 中集団－学級全体集団の段階

> 子どもたちに学級集団の一員としての自覚があり，自分たちで工夫して，全員で一緒に行動できる学級集団の状態　⇒委任的な対応

学級集団の＜第４レベル＞達成に向けて

　委任的とは，子どもたちが自分でできる内容は思い切って子どもたちに任せ，教師は全体的・長期的な視点でサポートしていく対応です。

　この段階になると，学級集団の機能が成立し，そのもとで子どもたちは自主的に動けるようになってきています。子どもたちだけでは対応できない問題に対してだけ，教師が解決策をアドバイスするようにかかわるわけです。

●教師の代表的な指導行動のスタイル

　教師の指導行動の代表的な要素として，指導行動の発揮の方向性と強さを考えるうえでは，三隅（1984）のPM理論がいまでも参考になります。PM理論とは，リーダーシップの機能を２つの次元から考えることを提唱したものです。

　その機能の１つは，目標達成ないし課題遂行機能であるP機能（performance）です。教師の指導行動で考えれば，学習指導や生徒指導の遂行に関する機能です。もう

1つの機能は，集団維持機能であるM機能（maintenance）です。教師の指導行動で考えれば，学級内の好ましい人間関係を育成し，子どもたちの情緒の安定を促したり，学級集団自体を親和的にまとめたりする機能です。

この2つの機能を組み合わせると，次の4つのスタイルが考えられます。

> PM型：P機能とM機能をともに強く発揮するスタイル
> M 型：P機能の発揮が弱くM機能を強く発揮するスタイル
> P 型：M機能の発揮が弱くP機能を強く発揮するスタイル
> pm型：P機能とM機能の発揮がともに弱いスタイル

教師の姿でイメージすると，PM型は細やかな気遣いの中に強い指導性を併せもつタイプ，M型は温和で気遣いの細やかなタイプ，P型は一貫して厳しく指導するタイプ，pm型は放任タイプというところでしょうか。

状況適合論から考えると，子どもたちの特性や学級集団の状態に合った対応方法を選びながら，P機能とM機能を柔軟に発揮し，適切なバランスで指導に当たることが求められます。このバランスが偏ると，特有な状態の学級集団が形成されてしまいます。

学級の前提が同じである場合，学級がスタートして1か月経ったころの学級集団の状態は，教師の指導スタイルとの間に一定の関係があることがわかっています（下図）。詳しくは，拙著『Q-Uによる特別支援教育を充実させる学級経営』（図書文化）を参照してください。

教師	P型	M型	pm型	PM型
学級	Q-U	Q-U	Q-U	Q-U
	たて型 かたさの見られる学級	よこ型 ゆるみの見られる学級	拡散型 ばらばらな学級	広がりのある満足型 弱いまとまりのある学級

第7節

ベースとなる学校体制

● Q-U でみる学校の特徴

　これまで多くの学級を検討してきたなかで，「学校によって学級集団の状態の分布に特徴がある」という発見は，最も注目すべきことの1つでした。
　代表的な例として次のタイプがあります。

> ①「親和的なまとまりのある学級集団」が8割以上という良好な学校
> ②「親和的なまとまりのある学級集団」「ゆるみの見られる学級集団」「かたさの見られる学級集団」「ばらばらな学級集団」「荒れ始めの学級集団」「崩壊した学級集団」が混在している学校
> ③「荒れ始めの学級集団」「崩壊した学級集団」が8割以上を占める学校

　多くの学校は②のタイプを示します。③のタイプは，俗に言う"荒れている学校"ということになるでしょう。ここで注目したいのは，①のタイプの学校です。

●なぜ①の学校には「親和的なまとまりのある学級集団」が多いのか

　①のタイプ十数校に聞き取り調査を行い，学校の特徴と取り組み方の最大公約数を整理しました。それらを要約すると次のとおりです。

　○ Q-U を定期的に実施し，その結果から課題を抽出して対応策をたてる。そのサイクルを，全教員または学年団で行っていた
　○ Q-U の結果からわかった学級の実態に応じて，担任以外の教員がTTでサポートするなど，チーム対応を行っていた

　これらはとくにめずらしい取組みというわけではありませんが，多くの学校で，「わかってはいても，なかなか組織的に取り組むのがむずかしい」ということばかりです。忙しいから手が回らないと，調査をやりっぱなしにしたり，形だけになったりしている部分を，①の学校では地道に取り組んでいたということなのです。

●学級経営の成果を上げるためには適切な教師組織が前提になる

①の学校のように，Q-Uを実施した結果を基に全教師がチームで行動できるためには，教師組織に次の点が成立していなければなりません（参考：河村茂雄・粕谷貴志『公立学校の挑戦』図書文化）。

(1) 教師集団の状態がよい
　→教師間の人間関係が緊密で親和的なところに，ルールが共有され，機能的に組織化されている
(2) 自校の問題が整理され，それが解決すべきテーマとして課題化されているうえに，教員間で共通理解されている
　→Q-Uの結果を共通の指標として，問題を整理し，課題化している
(3) 課題への対応方法が具体的にされており，教師間で共有されている
　→Q-Uを用いた学級経営の展開の仕方から仮説を立て，共通理解している
(4) 定期的に取組みを評価し，それを教師集団で検討し，次の実践に生かすという取組みが定着している
　→Q-Uの結果と検討手法を用いることで，短時間でできるようになっている
(5) 教師の役割が明確になっており，役割ごとの情報交換を定期的に行っている
(6) 取組みを促進する役割・リーダーが明確になっており，常に働きかけている

●これだけは共通理解しておきたい内容

現在では，小学校でも中学校でも，1年ごとに学級編成がえをする学校が増えてきました。このようななかでは，小学校なら6年後，中学校なら3年後の目標を定めたうえで，「1年生ではここまでを確実に」「2年生はここまで」と，各学年段階での目標を，その学校の全教師が共通理解しておく必要があります。そうしなければ，各学年での取組みがバラバラになり，児童生徒の学びが積みあがっていかないからです。また，教師の仕事にも無駄な繰り返しが増え，効率性を欠き，多忙感に包まれてしまいます。学級経営についての組織的な取組みが不可欠になっているのです。

このような考え方は小中連携でも可能で，ある地域では，教育委員会がリーダーシップをとって，「義務教育終了までに児童生徒にここまで身につけさせる」と目標を定めて取り組んでいます。この地域は，小学校と中学校の教師同士に定期的な交流や研修会があり，Q-Uの検討会も一緒に行っています。全国一斉の学力調査でも好成績をおさめ，自信を深めています。

Q-Uとは

　Q-U（「楽しい学校生活を送るためのアンケート」）は，子どもたちの学校生活での満足度と意欲，学級集団の状態を調べる質問紙です。いまから14年前に河村茂雄が開発しました。現在，全国190万人の児童生徒が利用しています。

　この調査を実施することで，子ども個人の情報と学級集団の情報をもとに，不登校になる可能性の高い子どもや，いじめを受けている可能性の高い子ども，学校生活の意欲が低下している子どもの早期発見につなげることができます。また，学級崩壊に至る可能性や学級集団の雰囲気をチェックしたり，不登校・いじめ・学級崩壊などの問題に対応するためのデータが得られます。教師が面接や観察で得た情報を客観的に補うことができるわけです。

●特徴
・15分程度で実施が可能，朝の会や帰りの会で行うことができます。
・1枚の図表に学級全員分の結果を書き込むので，学級集団の全体像が一目で把握できます。つまり，「個人」「学級集団」「学級集団と個人の関係」の3つの側面を同時に理解することができます。
・年に2〜3回実施して前回の結果と比較することで，その時々の教育実践の効果を確かめることができます。

●内容構成
　Q-Uの中身は，2つのテストで構成されています。
　　学級満足度尺度（いごごちのよいクラスにするためのアンケート）
　　学校生活意欲尺度（やる気のあるクラスをつくるためのアンケート）
　また，2007年より発売されたhyper-QUには，上記2つのテストに加えて，配慮（他者への気遣い）とかかわり（能動的な他者へのはたらきかけ）の側面から，子どもたちの対人関係力（人とかかわる技術）を測る下記のテストがセットされています。
　　ソーシャルスキル尺度（日常の行動をふり返るアンケート）
　以下では，学級満足度尺度の見方について説明していきます。

学級満足度尺度の結果の見方

この尺度を実施すると，次の2つの得点が算出されます。この2つの得点から，それぞれの子どもの結果を集計用紙（座標）上にプロットして結果をみます。

- 承認得点……「自分の存在や行動が，級友や教師から承認されている」と，子ども自身が感じているか否かを表す。リレーションの確立と高い相関がある。
- 被侵害得点……学校に不適応感を感じたり，級友からいじめ・冷やかしなどを受けていると子どもが感じているか否かを表す。「ルール」の定着と深くかかわっている。

承認得点（高）

＜侵害行為認知群＞
ここにプロットされた子どもは，自主的に活動している反面，自己中心的な面があり，他の子どもたちとトラブルを起こしている可能性が高くあります。被害者意識の強い子どもたちも含まれます。

＜学級生活満足群＞
ここにプロットされた子どもは，不適応感やトラブルが少なく，学級生活・活動に満足して意欲的に生活していると考えられます。

被侵害得点（高）　――――――――――　（低）

＜学級生活不満足群＞
ここにプロットされた子どもは，級友からいじめや悪ふざけを受けている可能性があります。不適応になっていることも考えられます。学級の中で自分の居場所を見いだせず，不登校になる可能性も高いといえます。

要支援群……不満足群のなかでも不登校になる可能性，いじめ被害を受けている可能性がとても高く，早急に個別対応が必要な子どもたちです。

＜非承認群＞
ここにプロットされた子どもは，不適応感やいじめ被害の可能性は低いものの，学級のなかで認められることが少なく，自主的に活動することが少ない，意欲の低い子どもたちだと考えられます。

（低）

Q-Uの分布パターンからみる，代表的な学級状態

　子ども全員の分布状況から，学級のルールとリレーションの確立状況を知ることができます。分布が上寄りになるほどリレーションの確率が高くなり，分布が右寄りになるほどルールの確立が高くなることを意味します。また，ルールとリレーションがともに確立した状態では，分布は右上に寄った形になります。代表的な分布のパターンを説明します。

(1) 親和的なまとまりのある学級集団
ルールとリレーションが同時に確立している状態
　学級にルールが内在化しており，その中で，子どもたちは主体的に生き生きと活動している状態です。教師がいないときでも，子どもたちだけで，ある程度の活動ができます。また，親和的な関係があり，子ども同士のかかわり合いや発言が積極的です。学級全体に活気があり，笑いが絶えない学級です。

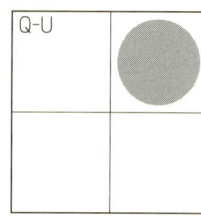
満足群型のプロット

(2) かたさの見られる学級集団
リレーションの確立がやや低い状態
　一見静かで落ち着いた学級に見えますが，学級生活を送る子どもたちの意欲には大きな差が見られ，人間関係が希薄な学級です。教師の評価を気にする傾向があり，子ども同士の関係にも距離があります。シラッとした活気のない状態で，学級活動も低調気味です。

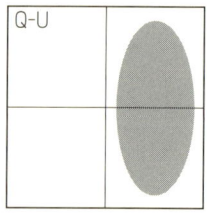
たて型のプロット

(3) ゆるみの見られる学級集団
ルールの確立がやや低い状態
　一見，子どもたちが元気で自由にのびのびとしている雰囲気の学級に見えます。しかし，学級のルールが低下しており，授業では私語が見られたり，係活動の遂行などに支障が見られ始めています。

　子どもたちの間では小さなトラブルが頻発しています。声の

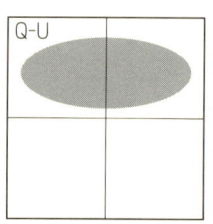
よこ型のプロット

大きな特定の子どもたちに，学級全体が牛耳られてしまう傾向があります。

(4) 荒れ始めの学級集団
ルールとリレーションの確立が共に低い状態

(2)(3)の状態のときに，具体的な対応がなされないままいくと，この形が出現します。静かで落ち着いた学級(2)や，元気でにぎやかな雰囲気の学級(3)という，学級のプラスの側面が徐々に喪失し，そのマイナス面が表れてくるのです。

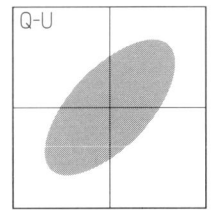

ななめ型のプロット

このような状態になると，教師のリーダーシップは徐々に効を奏さなくなり，子どもたちの間では，互いに傷つけ合う行動が目立ち始めてきます。

(5) 崩壊した学級集団
ルールとリレーションが喪失した崩壊状態

学級生活不満足群に，70％以上の子どもたちがプロットされた状態です。この状態では，すでに学級は教育的環境とはいえず，授業は成立しなくなります。私語と逸脱行動が横行し，教師の指示に露骨に反抗する子どもも見られます。

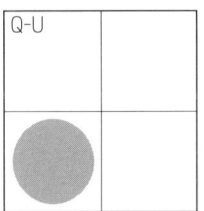

不満足群型のプロット

さらに，子どもたちは学級に集まることによって，互いに傷つけ合っており，学級に所属していることに対して肯定的になれません。子どもたちは不安を軽減するために，小集団を形成して同調的に結束したり，他の子どもを攻撃したりすることで，自分を守ろうとします。

(6) ばらばらな学級集団
ルールとリレーションの確立が共に低い状態

教師から，ルールを確立するための一貫した指導がなされていない状態です。子どもたちの小グループの中で，それぞれに行動様式が定着しています。学級に対する帰属意識が低く，教師の指示は徐々に通りにくくなります。時間の経過とともに，荒れ始めの学級に至る可能性が高い状態です。

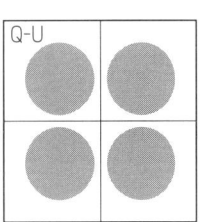

拡散型のプロット

学級を知り、育てるためのアセスメントツール

hyper-QUならQ-Uの診断結果に加え、対人関係力も診断できます

よりよい学校生活と友達づくりのためのアンケート

著者　河村茂雄
対象　小学校1〜3年／小学校4〜6年
　　　中学校／高校

hyper-QUは、**Q-U**の2つの尺度（学級満足度尺度・学校生活意欲尺度）に、ソーシャルスキル尺度を加えた3つの尺度で診断します。

※高校用では、参考資料として悩みに関する質問項目が取り入れられています。

ソーシャルスキル尺度
対人関係（ひとづきあい）を円滑にするための技術（コツ）を測るものです。

ソーシャルスキル尺度を用いて、対人関係力を測ることにより、児童生徒および学級集団の状態を多面的にとらえることができます。

また、**個人票**（教師用／児童生徒用）も打ち出されるので、児童生徒一人ひとりに適切な対応を図ることができます。

Q-Uは不登校やいじめの防止、あたたかな人間関係づくりに役立ちます

楽しい学校生活を送るためのアンケート

監修　田上不二夫
著者　河村茂雄
対象　小学校1〜3年・4〜6年／中学校／高　校

学級全体と児童生徒個々の状況を的確に把握する2つの診断尺度
「学級満足度尺度」、「学校生活意欲尺度」の2つの診断尺度で構成されています。

● **学級満足度尺度：いごこちのよいクラスにするためのアンケート**
　クラスに居場所があるか（承認得点）、いじめなどの侵害行為を受けていないか（被侵害得点）を知ることができます。

● **学校生活意欲尺度：やる気のあるクラスをつくるためのアンケート**
　児童生徒の学校生活における各分野での意欲を把握することにより、子どもたちのニーズにあった対応を考える資料となります。学級、学年、全国の平均得点も打ち出されますので、今後の学級経営に役立ちます。

資料のご請求は **図書文化社 営業部** へ　　TEL.03-3943-2511　FAX.03-3943-2519

第2章

中学年の学級づくりで押さえておきたいこと

第1節

中学年の子どもたちが抱える課題

　中学年は，小学校6年間のなかで，もっとも子どもらしく活発な時期です。自他の違いに気付き始めますが，その違いを受け入れることにはむずかしさがあります。近年では，環境の変化から，ギャングエイジ集団が形成されにくくなっています。

●自己主張が強いのが中学年の子どもの特徴

　中学年の学級担任をしていると，保護者から「子どもが口答えをするようになりました。親の言うこともさっぱり聞きません」と面談などで頻繁に言われます。学級でも，友達同士での言い争いの場面がよく見られます。

　中学年の子どもたちは，自立の第一歩を踏み出そうとする発達段階にあり，自己主張が強いのが特徴です。

●興味・関心の合う仲間とつるむ

　中学年の子どもたちは，自分が知らないことに対する興味関心が高く，行動範囲が大幅に広がります。何人かの友達と学区外に飛び出し，新しい発見や刺激を体験します。そのなかで，いろいろな友達とかかわり，さまざまな経験をするうちに，自分にとって心地よい行動パターンを知り，同じ関心をもつ友達との関係を強めていきます。

　男女の行動パターンに違いが見え，衝突が始まるのも，中学年の特徴です。例えば，学級でスポーツ大会をすれば，何の競技をするかで，男女の意見が対立します。

●いまの中学年のむずかしさ

　昨今では，学校外での集団形成がむずかしくなりました。そこで，子どもたちには，学級集団のなかで，他人を通して自分を客観的に見る機会を，意図的に与えていくことが，必要になっています。

●対人関係のスキルを，どう教えていくか

　中学年の子どもたちには，感じたことを素直に表現する傾向と，やる気に感じたことを実際の行動に移すパワーがあります。そこで，教師は，子どもたちの願いを，で

きる限り自分たちで叶えさせてあげることが大切です。そのための方法として，自分の意見を言うときの友達を傷つけない言い方や振る舞い方を学習させます。

　中学年の子どもたちには，原則を伝えて応用させるというより，具体的な行為行動を教えていくことが必要です。例えば，「友達を傷つけるような言葉を言ってはいけません」で済ませるのではなく，どんな言葉が友達を傷つけるのかを，実際の場面で振り返らせるようにします。

●どのようにやる気を維持させていくか

　子どもたちは，やりたいことは，すぐに活動したがります。新しいことに興味をもち，恐れることなく挑戦していきます。しかし，行動に見通しがもてず，どのような結果になるかを深く考えないために，失敗やけがが絶えません。また，興味のないことや，一度失敗したことに対しては，自分からはやる気を起こしません。

　子どもたちは，失敗を繰り返すと，上手にできる友達と自分を比較して，自分に対する自信を失います。そこで，教師や親の励ましが必要です。結果だけではなく，取り組んでいるプロセスで見られた本人のよさを十分に認めてあげることで，次への意欲形成につなげます。

●自分の好きなことを見つけさせる

　中学年の時期に経験したことは，将来の自己形成に大きく影響を与えます。職業選択の際，小学校中学年の時期に経験したことがきっかけになっていることも多いようです。また，生涯の趣味にも影響します。私（藤村）がいまでも好きで続けている卓球も，4年生のときに友達とよくやっていたものです。

　中学年の子どもたちには，意欲をもたせて，さまざまな経験や発見をさせたいものです。運動や遊びに積極的に参加させて身体の発達に気づかせる，読書に親しませて心が豊かになっていることに気づかせる，ねばりづよく勉強させて知識や思考力の深まりに気づかせる，そういう体験をたくさんさせていきます。

●上級生，下級生とのかかわり方を学ばせていく

　中学年の子どもたちは，かわいい弟・妹のような下級生をもち，頼れる兄・姉のような上級生をもちます。縦のつながりを学ぶには絶好の学年です。教室外の他学年との交流を大切にして，下級生と一緒に登校させてお兄さん・お姉さん気分を味わわせたり，クラブ活動で上級生のかっこいい姿にあこがれさせたりすることも大切です。

第2節
中学年の集団づくりの留意点

　子どもたちに、学級集団のよさを実感させることが大前提です。そのうえで、中学年の活動的なよさを生かして、子どもたちには、体験重視で、試行錯誤を繰り返させます。教師は、子どもたちのやる気を失わせないで活動させることが大切です。

●集団で活動することのよさを味わわせる

　低学年のころに見られた一人遊びは、中学年では、ある程度の規模の集団遊びに変化します。しかし、仲間に入らず、一人ぼっちで過ごす子も見られます。

　仲間に入りたいけど入れないでいる子には、仲間に入る方法を具体的に教えてあげることで解決させていきます。

　いっぽうで、最近は、「一人遊びのほうがいい」「一人で勉強するほうがいい」と感じている子も多くいます。ですから、教師は、「子どもたち一人一人に、集団のよさを実感させること」を意図的に行う必要があります。「一人ではできないけど、みんなとならできた！」「みんな一緒に笑うのって楽しい！」「みんなで取り組んで目標を達成してよかった！」というような実感がなければ、学級でみんなと一緒にかかわりながら活動していこうという気持ちも、子どもたちには起きません。

　例えば、勉強でわかるようになったことを認めるときに、本人の努力を認めたうえで、「みんなで知恵を出したからだね！」「○○さんの発表がとてもいいヒントになったね！」などと、仲間からの影響も意識させるようにします。また、学級の取り組みが成功したときは、取り組みの過程で、「どの子も活躍し、どの子もがんばった」ことを認め合わせて、「みんなで力を合わせて、みんなの力が伸びた」ということに、ていねいに気づかせていくことが大切です。

●子どもの夢や要求を生かす

　中学年の子どもたちの要求は、多種多様で発想豊かなものです。しかし、それらは、まだ個人の興味関心に基づいた自己中心的なもので、子どもたちは、自分の要求が学級集団に寄与できるかどうかの検討を、二の次にしている場合が多く見られます。

　例えば、母親の料理教室にたまたまついて行った子が、（うろ覚えの）ケーキ作り

をしたいと提案したとします。すると，周りの子たちは，賛成するでしょう。しかし，実際に活動することになった場合の困難さは，想像できていません。

かといって，教師が，その無理難題さを説明し，まるごと却下してしまうのも不憫です。そこで，教師は，「100％を否定しない方法」をとります。子どもたちのやる気は全面的に認め，活動の目的を確認させたうえで，子どもたちの可能な範囲で活動させるようにします。

教師は，できるだけ子どもたちの願いを聞くことが大切です。聞いてみて，それが学級集団や個人の成長にとって意味のあるものであれば，教師がお膳立てをして，子どもたちだけではできないことにも取り組ませていく必要が，ときにあるでしょう。「ぼくの発案でスポーツ大会ができた！」「私のアイデアで調理をした！」「みんなが楽しそうだった！」「次もみんなと一緒にやりたいなあ！」などと，一人一人に感じ取らせることが大切です。

中学年の子どもたちの発想は未熟で，そのままでは実現可能なものはほとんどないかもしれません。しかし，子どもの夢や要求を十分に生かして活動させていくことが，子どもたちの主体的な集団づくりへとつながります。

●言葉を使わせる

中学年の子どもたちは，思考形態が変わり，抽象的な思考ができるようになります。この時期に必要な指導は，「念頭で言葉を操作して考える力を育成すること」だと言われます。

そこで，ふだんの授業では，「私は，○○だと思います。わけは，△△だからです」と自分の考えと理由を発表させるようにします。話すことに詰まってしまった子がいたら，「○○君は，どうしてそう考えたのだと思いますか？」と周りの子に問い，子どもたちから助け船を出させるようにします。

ふだんの生活では，子どもたちが，「やりたかったから」「腹が立ったから」という短絡的な行動に陥らないように，子どもたちには，個人的な理由や動機を言葉にして訴えさせたり，みんなで活動の目的を話し合わせたりします。

例えば，ドッジボール大会の目的を話し合わせると，「ボールを投げるのが好きだから」という個人的な理由や，「力を合わせてできるスポーツだから」という集団の団結を意識するような理由などが交流されます。これは必要な話し合いです。

子どもたちは，自分の感情や興味本位で行動しがちです。そこで，言葉を使って，目的意識をしっかりもたせて，学級目標に沿うように，行動させていきます。

第3節

「ルール」と「リレーション」確立のコツ

　中学年特有の活動的な行動は，ときにトラブルの原因になり，その対応がうまくいかずに，騒々しい学級になることがあります。ルールを繰り返し確認させることと，トラブルへの対応方法を子どもたち自身にも身につけさせることが，大切です。

●ルールは，活動の直前に，手短に確認する

　子どもたちは，低学年のころに比べ，パワフルになっています。声が大きくなり，すぐに騒音となるし，動きが大きくなり，けががつきものです。

　ルールは，行為行動を通して教えていくことを基本として，中学年の場合は，さらに，予想される危険な状況について，活動の前にくさびを刺しておくようにします。

　廊下歩行のルールを確認するときの例をあげます。理科室に移動する直前に，こう確認します。「いまから理科室に移動します。階段の曲がり角で気をつけることを覚えているかな？」。

　また，あくまで安全な範囲で，その危険性を，実際に子どもたちに見せることもあります。アルコールランプを倒すとどうなるか，実際にやってみせたことがある先生方も多いことでしょう。

　こうして，先を見通したり，結果を想像したりする力を育てながら，ルールの意義を実感させていきます。

●小さなルール違反も認めない（注意は，そのとき，その場で。例外はつくらない）

　入学したての1年生が，チャイムが鳴っても教室に戻らないのと，学校のきまりがわかっている3，4年生が，時間を守らないのとでは，ルール違反の意味が違います。

　中学年の子どもたちは，これまでの経験から憶測して，「このくらいなら，許されるだろう」「この程度なら，ごまかせるだろう」と，小さなルール違反をしてしまうのです。そして，「1分の遅刻が許されるなら，5分の遅刻も許されるだろう」と，子どもたちの憶測はエスカレートし，子どもたちの規則を尊重する態度は崩れていきます。困ったことに，この崩れに陥るまでの時間は，ルールを確立するまでの時間よりもはるかに早く，学級の秩序はあっという間に乱れます。

教師は，子どもたちの小さなルール違反も見逃さず，そのとき，その場で，ルール違反したことでだれかが不利益を被っていることや，みんなで決めたルールを守るのは大切であることを確認させます。ルール違反があるたびに繰り返し確認させていけば，咎められたルールばかりでなく，ほかのルールでも同じように守らなければならないと再認識させることにつながります。

●リレーション形成に，身体活動を活用する

　中学年では，活動的なパワーを生かして，体の接触のある活動をたくさん取り入れて，リレーションを形成するのも効果的です。汗をかくくらいの運動量のあるゲーム的な活動をどんどん取り入れます。２人組での力試しの運動や，手つなぎ鬼を，体育の授業の導入などで行わせます。

　ポイントは，動と静を交互に繰り返して，活動にリズムをつくることです。体を動かして思いっきり活動させた後に，静かな雰囲気でルールを確認させたり，感想を発表させたりします。とくに，中学年の場合は，子どもたちを盛り上がったままにさせておくと，収拾がつかなくなります。

●仲直りの方法を教えておく

　中学年の子どもたちは，お互いの主張がぶつかり，言い争いになったり，思わず手が出てしまったりしがちです。子どもたち同士，それぞれの主張を曲げようとしない場面も多く見られます。

　トラブルはつきものです。仲直りの方法を具体的に教えて，やがて自分たちでトラブルを解決できるようにしていくことが大切です。どちらが悪くて，どちらが正しいということではなく，お互いの言い分を聞かせ合ったあとに，自分のどういうところが，友達を怒らせてしまったのかを，お互いに考えさせ，その部分を謝らせます。

●男女の要求を聞く

　男女の要求がずいぶん違ってきます。リーダーがすべて男子，あるいは女子という状況では，不満が募ります。そこで，生活班では，各班に男女１名ずつ計２名の班長をつくり，男女それぞれの願いを聞き合わせます。そのほか，リーダー会議には必ず教師が入り，男女のよさを認め合わせながら，話し合いをさせることが必要です。

第4節

中学年を育てる教師の力量

　中学年の子どもたちは，教師の明朗さや公正さに敏感です。教師の笑顔や前向きな態度は，子どもたちの活力を引き出します。反対に，教師によるえこひいきは，子どもたちから不信感を買い，やがて雰囲気も陰湿になっていくことが多く見られます。

●「教師へのあこがれ」をもたせる

　教師の得意なところをちょっぴり見せてもいいのではないでしょうか。子どもは自分の先生がカッコよかったり，自分たちができないことをできたりすると，尊敬のまなざしでみるものです。教師へのあこがれは，無意識にもちたいのかもしれません。
　例えば，ちょっとした手品をして見せるのもいいでしょう。私（藤村）自身，自分の担任の先生がコップの中の水を消してみせる手品をしたのを見て，とても親近感が湧いたのを覚えています。

●子ども目線で捉える

　興味や関心が分化し始め，子どもたちは，自分の興味や関心に基づいた遊びに興じるようになります。休み時間は，図書室で読書をする子や，ある程度の規模の集団で校庭でサッカーをする子，教師の周りに集まっておしゃべりに興じる子が，同時に見られるようになります。
　ときには，学級の子どもたちと校庭で一緒に汗を流して遊ぶのもいいと思います。こういう例があります。学級がどうもしっくりこないと悩んでいた50に近づいた教師が，毎日，一度は子どもたちと遊ぶことを実行しました。はじめは，教師が遊びのリーダーになって子どもたちを誘っていました。そのうち，子どもたちのなかから，自然発生的に遊び提案係が生まれ，子どもたちで計画を立てたりしながら，みんなで楽しく遊ぶようになったそうです。この教師は，「体はかなりきつかった…」と仰いつつも，遊びのなかで，授業では見られない子どもの表情が見えたり，トラブルを教師と子どもが一緒になって解決していく活動ができたりして，学級の雰囲気がとてもよくなったと仰っていました。
　子どもと一緒に活動し，同じ目線から感情交流をするのも教師の力量の一つです。

●どの子も同じくらい気にかける

　中学年の子どもたちは、友達に対する教師の対応も気にします。「先生は、あの子はほめた。でも、ぼくのことはほめなかった」と、対応の違いに、敏感に反応します。

　教師は、どの子にも「同じような対応」をするのが基本です。しかし、実際は、子どもによって、言葉の投げかけ方や、注意の仕方は変えざるを得ません。また、時間を割いて、個別に支援をしなければならないケースもあります。そこで、個別指導に移る前に、子どもたちに、「いま、○○君が困っているから、○○君にだけ、△△をするよ」という了解を得ることが、必要になる場合があります。

　「一人一人、得意なことや苦手なことがあります。だから、教え方も一人一人違ってくるときもあるかもしれません。先生は、みんなのことを"えこひいき"しようと思っています。もし、『自分が"えこひいき"されていない』といやな気持ちになったら、こっそり先生に教えてください」と、私は言うようにしています。

　「同じような対応」というのは同じ量の対応という意味でもあります。例えば、学級通信での子どもの紹介です。私は、「先生、いっつも○○君ばっかり載ってるよ」と子どもに言われて、たしかに子どもの登場に偏りがあったことに気づかされたことがありました。「よし、どの子も同じくらい学級通信に登場させよう」と思うと、一人一人の子どものよさを発見しようという姿勢になるものです。

●参加型のリーダーシップをとる

　中学年では、自然発生的にグループがつくられ、多様な活動が行われるようになります。そこで、教師は、リーダーシップを発揮する子どもの出現を促進します。

　初めのうちは、教師が、子どもたちの遊びに参加するのがいいでしょう。「友達の誘い方」「活動内容の決め方」「チームの決め方」「振り返りの仕方」など一連の活動のモデルを、教師が、一緒に遊びに参加しながら示します。また、少しずつ子どもたちだけで活動できるように、リーダーのやり方を示していきます。

　リーダーを中心とした遊びがある程度うまく機能するようになったら、教師は、フォロワーとなり、建設的な意見を言って活動を盛り上げたり、ルールや一連の活動モデルを確認させる意味で、子どもたちに質問を投げかけます。

　教師が示すことは、子どもたちに大きく影響します。遊びに誘うときの言葉がけや、ルールのつくり方など、だれもが真似できるように、できるだけ簡単にモデルを示すこと、そして、いつでも公正・公平な態度で接することに気をつけます。

COLUMN　中学年の集団体験不足が，将来に与える影響

　中学年は，子どもらしい活動意欲が高まり，自我の強まりが顕著な時期です。最近は少なくなってきましたが，同性の友達と徒党を組んで遊ぶ時期（ギャングエイジ）は，まさに中学年の頃です。

　また，「九歳の壁」と言われるように，具体的思考から抽象的思考への移行期にあたり，ものごとを捉え，考える能力の基盤が形成される時期です。

　このような中学年の子どもたちに，学級集団での生活・活動を通して，同年代の友達とのかかわり（ヨコの関係）を十分に体験させます。そうすることで，友達のなかで自分を自覚させ，友達とのかかわり方を捉えさせます。また，社会的ルールの理解，コミュニケーション能力や問題解決力の獲得，仲間とイメージを共有することの価値，役割意識，道徳心等，試行錯誤を経て，少しずつ身につけさせます。

　「中学年のときにしっかり指導すると高学年は安泰だ」という話を私の研究会に参加する先生方からよく聞きます。この時期の仲間体験から学習した内容が貧弱だと，思春期に入る高学年で，その影響がいろいろな形で出てくるのでしょう。

　中学年の時期，友達関係を通した体験学習が少ないことが，成人になったとき，集団から浮いてしまう，KY（周りの空気が読めない）として表出しがちです。

　私の調査では，何でも話せる友達が「一人」もしくは「いない」と回答した子は，「6人以上いる」子と比べて，効力感や受容感が低い傾向にあります（『データが語る② 子どもの実態』を参照）。また，不安感が高く，対人積極性や向社会性が低い傾向にあります。

　一見うまくいっている学級の子どもたちが，担任が替わると急変したり，中学校で荒れ始めたりするのは，子どもたちの内面的な問題が解決されないまま，教師の指導力で，うまく乗り切り，問題が顕在化しなかっただけの場合もあるのです。

　近年の子どもたちは，塾通いや地域社会の変化，遊びの変化で，学校外で大勢の友達とかかわりながら遊ぶことが少なくなっています。その分も含めて，教師は，学級内での子どもたちのかかわりを促進するように，子どもたちを適切にサポートしていくことがますます求められています。

第3章

ギャングエイジを再生する学級開きの指導

第1節 中学年の学級開き　指導のポイント

●子どもたちの自発性を最大限に生かそう

中学年は，学校によっては初めての学級編成替えがあります。教室も移動します。学級担任もかわり，子どもたちは大きな環境の変化を迎えます。

そのようななかで迎える新学期は，新たな自分，新たな出会いを求めて，やる気いっぱいの時期です。子どもたちの，このやる気を生かして，「この学級では，こうやる」という大まかなルールを体験させ，「この学級，なんだか楽しそう！」と方向づけることがポイントです。

そこで，最初の4日間で，1年間の学級集団の成長過程を見通して，リレーション形成を取り入れながら，ルールを定着させる学級経営を行うことが重要です。

●リーダーは，「やりたい子みんなにやらせる」という方針で

「何でもやりたい！」「私がやりたい！」の子どもたちです。リーダーは固定せず，順番制や，一人一役制などにして，どの子にも活躍の場をつくります。

教師がサポートをする部分は多いのですが，「こんなこともできないのか」などと言ってはいけません。子どもたちの「やりたい」気持ちを生かして，「これだけできた」と受けとめて，子どもたちの試行錯誤を楽しむ気持ちで見守っていきましょう。

●一対一関係を基盤に

中学年でも，初めは，教師と子どもの一対一の信頼関係を築いていきます。

朝は個別に声をかけるチャンスです。教室で待っていて，入ってきた子ども一人一人に，教師から，あいさつとひと言をかけます。また，休み時間は，教師の役割を外れて，子どもの話題に入っていったり，一緒に遊んだりします。そして，友達とのかかわりが苦手な子を，この時期に，友達の輪の中に入れるようにします。

話を進んでしない子や文章を書くのが好きな子とのリレーションづくりには、日記交換がおすすめです。日記を通して、子どもの生活の様子を理解することで、子どもの心に寄り添った声かけができるようになります。

このように、一対一の関係を基盤として子どもたちと接していくことが、子ども同士のリレーションも形成し、指導をスムーズに行うことになるのです。

●ルールの必要性を感じさせる

中学年は、教師の話や指示を素直に聞き、自分から積極的に活動したいと考える発達段階にあります。そこで、これまで学んできた基本的な学習習慣や生活習慣を、必要なものとして定着させていきます。定着させるポイントは、ルールやマナーを「自分たちにとって必要なもの」と感じさせながら、実際に活動させることです。

学級開きの1週間では、楽しいゲーム活動を通して、子どもたちに、ルールの存在を納得させます。例えば、質問ジャンケンで「相手の話の聞き方の必要性を意識させる」、何でもバスケットで「みんなで楽しく取り組むためのルールの必要性を意識させる」などの方法を取ります。まずは、「（ルールによって守られている）いまの楽しい状態を保ちたい」と子どもたちに思わせることです。

●小グループ化を促進する

気の合う仲間同士で結びつき、人間関係を広げていこうとするのが、中学年の子どもの特徴です。そこで、グループ活動をたくさん体験させていきます。

グループ活動は、まず、2人組のかかわりで基本的なスキルを確認させたあと、次に、4人組でスキルを使った活動をさせるというようにします。グループの人数を少しずつ増やしながら活動させます。

また、グループづくりを促すいっぽうで、グループを固定化させない対応も、以降は必要になっていきます。

●時間がかかってもじっくりと

最初は時間がかかっても、一つ一つていねいに指導していきます。簡単なことを、全員にやり切らせてから、次のステップに進むことがとても大切です。新学期は、やることが多いのですが、集団の土台を固めるという意識で、あせらず、見通しをもって指導していきます。

第2節
学級開き1日目

　学級集団への最初の言葉かけは重要です。うちとけてその後の指導をスムーズにすることもあれば，反感をもたれて気まずくしてしまうこともあります。子どもに合った対応ができるように，可能な範囲で前担任から情報収集を行います。

1．前日までに準備しておくこと

「個別の情報収集」

　前担任から，個別の支援が必要な子の困難を確認します。学習面（教科，時間がかかること等），生活面（人間関係のトラブル，特別な支援等）とも，ていねいに聞き取ります。同時に，長所も確認します。

　そして，初対面から言葉がけや対応ができるように，写真で顔と名前を予習します。また，人間関係の調整をして，最初の席を決めます。

「学級経営案の作成」

　1年間でどんな子どもに育て，どんな学級集団をつくっていきたいのか，学級経営案を立て，細案にします。

　最初の1週間は，すべて台本をつくります。そうすることで，必要なことをもらさず，突発的なトラブルなどに振り回されずに指導できます。

「最初の学年通信，学級通信の作成」

　新学期の行事予定など必要な伝達内容，教育方針や担任の自己紹介などを記載します。見やすくわかりやすい紙面を心がけます。例えば，「絵が得意です」と自筆の似顔絵を入れたり，自身の小学校時代のエピソードなどプライベートな内容も一部入れると，親しみを感じてもらえます。

2．始業式のあとは，プラスのイメージづくり

「担任発表後の対応」

　始業式の目玉は，担任発表です。発表直後，子どもたちに好印象をもたれるに越したことはありませんが，こればかりは子どもたちが決めること。子どもたちの反応に堅くならずに，これからのことに目を向けましょう。

担任発表のあとは，一人一人の子どもと，アイコンタクトをしたり笑顔をしたりしながら握手をします。子どもたちは，ちょっぴりはにかみながらも，笑顔で答えてくれると思います。

「担任の所信表明」

　教室に戻ったら，「学級のめざす方向性（こんな学級にしたいという教師の願い）」と「みんなで守る最低限のルール」を伝えます。子どもたちが自然に笑顔になれるような，楽しい，おもしろい演出とともに，伝えたいものです。

　初日は，これだけ伝えられれば十分です。もし時間があれば，「先生への10の質問コーナー」をしてもよいでしょう。

「明日（2日目）の予告 & 配布物」

　所信表明をしたあと，「明日は，みんなにも自己紹介と，こんな学級にしたいという学級目標を考えてもらうよ」と予告をします。

　配布物を配るときは，「この学級では，気持ちのよい言葉づかいができるように，『はい，どうぞ』と言って渡します。もらう人は，黙ってもらわないで，『ありがとう』と言ってもらいましょう」と伝え，練習させます。

　その後は，お帰りじゃんけんをして，一人一人が教師と握手して，楽しい雰囲気のなかで帰宅をさせます。

3年1組　学級通信　NO. 1

えがお

　子どもたちの元気な笑顔で，新学期がスタートしました。新しい教室，新しい仲間に囲まれて，最初はちょっと緊張気味だった子どもたちでしたが，進級した喜びとやる気に満ちあふれて，元気いっぱいに生活しています。
　こんなステキな子どもたちと，一人一人の笑顔が輝くクラスにしていきたいと考え，学級通信のタイトルを「えがお」にしました。
　精一杯努力していきたいと思いますので，ご家庭のご協力をよろしくお願い致します。

担任の自己紹介です

にがおえ

モットー：
一歩一歩
趣味：
運動大好き。スポーツなら何でも好きです。
ひとこと：
教師3年目です。子どもたちと一緒にいることが何より幸せです！　未熟な私ですが，子どもたちと一緒に成長できるようにがんばります！

第3節
学級開き2日目

　給食や掃除が始まります。やることは、自己紹介でお互いを知り合わせることと、通常の学校生活を送らせるための学級生活のシステムづくりです。「この学級、楽しいな」と感じさせながら、組織、システムづくりをしていきます。

1. 子ども同士の緊張をほぐす

　最初に、じゃんけんを使った簡単なゲームを全員にさせます。
ゲームの例：前に「お願いします」、後に「よろしくお願いします」

　2分間で何勝できるか数えるじゃんけんゲームです。じゃんけんする前に「お願いします」、終わったら「よろしくお願いします」と言い合わせます。

2. 自己紹介を通して、「話し方」「聞き方」をおさらいさせる

　話型「私の名前は○○です。好きな遊びは、○○です。よろしくお願いします」等を黒板に書きます。そして、話し方のコツ「みんなに聞こえる声で話す」、聞き方のコツ「話をしている人のほうを見て聞く」「話している間は口をはさまない」「『よろしくお願いします』と言ったら、拍手をする」を示します。

　まずは、教師が、ユーモアを交えてやってみせます。その後、やり方を説明しながら、全員にやらせます。上手にできている子をモデルとして取り上げます。

3.「どんな学級にしたいか？」を共有させる

　学級会を開き、どんな学級にしていきたいか、そのためにはどうしたらよいか、をグループごとに話し合わせます。そして、発表させて全員で確認させます。また、事前にアンケートをとっておき、学級会で子どもたちと詰めていくやり方も

あります。このあと学級目標づくりにつなげます。やり方は，P.72を参考にしてください。

4．学級システムづくり

次は，学級役員を立候補形式で選出します。何のためにあるのか，どんな仕事をするのかを，事前にわかりやすく説明することが大切です。おもな役は会長，副会長，書記，議長，代表委員（児童会）などです。

係活動は，小グループで担当させ，仕事を細分化して，一人一役にさせます。

最後に，班単位で給食当番と掃除当番の分担を決めます。班のメンバーで，公平に役割を分担したり，協力して仕事を進めたりすることで，子ども同士のリレーションが形成されます。

そこで，分担では，どの班が何をするかだけでなく，だれが何をするのかもわかる分担表を作らせ，掲示させます。また，掃除場所に掃除の具体的な手順を掲示させて，何をやればよいのかを明確にさせておきます。

5．あいさつの習慣を確立させる

子どもたちが自然にあいさつできるようになることを早期にめざします。この日は，「今朝，先生より先に『おはよう』と言ってくれた人がいて，うれしかったよ」とできていた子をほめ，「朝，教室に来たら，自分から友達に『おはよう』とあいさつしてみよう」と呼びかけておきます。

次の日，教師が一番に教室に行って，全員の子どもにあいさつをします。そして，あいさつができていた子を認める声かけをして，広めていきます。

6．トラブル発生。最初は教師が介入する

中学年の子どもは，自己主張が強く，人の立場に立って物事を考えるのがむずかしい発達段階にあり，学級内では，トラブルが頻発します。子どもたちは，対人関係の経験が少ないので，自分たちで解決することができません。

ゆくゆくは子ども同士で解決させるようにしますが，最初は教師の介入が必要です。従って，最初は，両者の言い分を，教師が丁寧に聞いてあげることです。子どもが「先生は自分の話をちゃんと聞いてくれる」と感じさせ，教師と子どもの信頼関係をつくっておくことは，のちのちの学級経営に生きます。

第4節
学級開き3日目

　いろいろな友達と安心してかかわれる土台づくりをします。一人一人が守るべきルールとして、①時間を守る、②人の話は最後まで黙って聞く、③人を傷つける言動をしない、を確認させ、ルールは自分たちのためにあると感じさせるようにします。

1．時間を守る

　教師がモデルを示すことが大切です。授業の前は、余裕をもって教室に行き、準備をします。そして、時間通りに始めます。遅れた子どもがいれば、必ず理由を言わせます。「この学級は、時間通りに始めます。例外はつくりません」ということを行動で示します。

　守れなかった子に対して、みんなの前で怒鳴ることはせず、個別に指導します。そして、全体が時間を守って行動できるようになるまで、根気強く指導していきます。

2．人の話は最後まで黙って聞く

　初めに、教師の話を聞く態度をほめます。集中しているときを逃さずほめて、意識させます。

　次に、子ども同士の会話や発表の機会を捉えて、話を聞くときのルールを教えます。最初は、「相手が話をしているときは口をはさまない」と「話をしている人のほうを向いて話す」です。ふだんの学校生活のなかに、こういった機会を少しずつつくり、行動させながら定着させます。

　中学年の授業中の私語は、「先生に自分を認めてもらいたい」「先生に自分の話を聞いてもらいたい」という欲求の場合が多いので、授業以外で欲求を満たしてあげることも必要です。例えば、「休み時間に一緒に遊ぶ」「給食の時間にグループを回って話を聞く」「休み時間に雑談する」「日記に書いてもらう」等です。

　子どもへの対応がうまい先生は、フリーの時間での子どもとのかかわりがとても上手だと感じます。ポイントは、"子どもをかまう"こと。つまり、ちょっとしたユーモアを交えて、子どもの相手をすることだと思います。先生方の周りに

もきっとそんな先生がいらっしゃると思います。子どもとどんな話をしているのか，ちょっぴり聞き耳を立ててみて下さい。

3．人を傷つける言動をしない

「こんなことは言わないようにしたいな」「言われていやだったな」という言葉について，班ごとに話し合いをさせ，全員で確認させていきます。これまでに身につけた不適切な言葉づかいにリセットをかける意味でも，「絶対に言ってはいけない」というルールを再確認させることが必要です。全員で確認させることで，学級世論にさせていきます。

4．体を動かしてリレーションづくり

「何でもバスケット」は，子ども同士が，まだ慣れていない集団でもやりやすいと思います。子どもたちも低学年のうちから経験しているゲームでしょう。

「こおりおに」「しっぽとり」「ドロケイ」は，体育館やグランドで思いっきり走り回るので，最初の体育の時間におすすめです。

「仲間づくりゲーム」は，いつもと違う友達と触れ合うきっかけになります。

以降も，このような簡単なゲームを，授業の始めや活動の切り替えのときに入れることで，気分転換をさせるとともに，子ども同士のリレーション形成をしていきます。

第5節
学級開き4日目以降

　最初の授業は，子どもたちが「わかった」「楽しい」「これならできそう」と思えるようにします。低学年で，学習に苦手意識をもってしまった子どもに対しても，「中学年の勉強は楽しい」と思わせるようにします。

1．「この学級のやり方」として確認させる

　授業の準備や進め方については，一人一人のこれまでの学級ごとに細かい違いがあります。そこで，リセットして，「この学級のやり方」を全員で確認させます。

2．学習準備の方法を確認させる

　教科書の出し方や椅子の座り方，筆記用具の準備など，低学年で習慣づけられていることを確認させます。細かい様式について学校全体で統一しておくと，指導が一貫します。

3．発表の仕方を確認させる

　まずは，名前を呼ばれたら返事をすることを確認させます。
　次に，意見の発表では，賛成か，反対かと，なぜそう思うのかの理由を言うことを確認させます。
　そして，話の聞き方として，「高学年までに，友達の話を聞いて，それに対して自分はどう思うのか，と話をつなげられることをめざそう」と伝えます。

4．ノートの取り方を確認させる

　中学年のノートに求められるのは，いつ何を学習したのかわかるように，日付や教科書のページを入れる，見やすいように間隔をとって書く，学習感想を書く等です。学習感想は，学習内容について，わかったこと，気づいたこと，感想，疑問に思ったこと，もっと調べてみたいことなどを簡単に記させます。授業を思い返して書かせることで，学習内容を確かめ，深めさせます。

発展的なことでは，友達の考えと自分の考えを比べたり，友達の考えに対して自分の意見を書いたりできるように，指導します。また，間違いは消さずに赤鉛筆で必ず直させることも最初に教えます。

5．「これならできそう」という導入をする

　【算数】では，2年生のときに学習した九九のフラッシュカードや迷路を使います。九九はしっかり覚えている子どもが多いので，簡単な問題からだんだんむずかしくしていけば，多くの子どもが答えられます。全員が答えられれば，授業では1回は発表しよう，という授業参加の雰囲気づくりにもつながります。

　【国語】では，『のはらうた』（工藤直子作）のような，短く，簡単で，子どもたちの身近な植物や昆虫などを題材にした詩を取り上げます。声を合わせた音読や，「題名当てクイズ」などをします。また，「2年生に習った漢字ビンゴ」や，「漢字の成り立ちクイズ」をして「漢字っておもしろい」と思わせます。

6．新教科は，学習意欲を高めるチャンス

　【理科】は自然探検で，学校の周りの植物や生き物を発見させます。

　【社会】は町探検がいいでしょう。学校の周りを東西南北の方角で捉えさせたり，土地利用の様子や地域の特徴を学習させたりします。グループで取り組ませ，達成感をもたせます。

　また，総合的な学習と関連させて，町で働く人や仕事に着目させて，将来の自己形成を意識させる方法もあります。

　【総合的な学習】は，グループ学習を取り入れ，自分の見方や考え方を友達と比較させたり，一緒に作業させたりして，友達とかかわりながら楽しく学習させます。また，振り返り活動を通して，思考を深めたり内面化する習慣をつけさせていきます。

　ほかにも，リコーダーの学習や書写など実技の学習も始まります。4年生になると音楽発表会などの学習行事もあります。子どもたちに手の届くめあてをつくって，苦手意識をもたせないように，簡単なことから少しずつ，取り組ませていきます。

「人間関係を形成する力」の育成に！

みんなのやくそくノート

たのしい学校生活となかまづくりのために

学習指導要領「人間関係を形成する力」**対応**

早稲田大学 教授 **河村茂雄** 監修　都留文科大学 講師 **品田笑子** 著　対象 **小学3・4・5・6年**

学級ソーシャルスキル（CSS）を育てる**児童用教材**です。
Q-U や hyper-QU を使った学級経営の実践にも効果的です。

おすすめポイント

① 子どもたちが「**人とかかわる力**」を高めます。年齢に応じた集団参加の力をはぐくみ，**楽しく有意義な学校生活をサポート**します。

② **1ワーク約15分で実施できます。** 教師用指導書を元に45分授業にもアレンジできます。

③ 学習した内容を**日常生活の中で繰り返し意識して，定着**させるチャレンジコーナーを設けました。

CSSとは… 学級ソーシャルスキル（Classroom Social Skills）の略称で，学校生活における集団生活や友達づきあいで必要とされる対人関係の技術のことです。学習したスキルは学級のルールとして定着し，あたたかな人間関係が促進され，学級経営が円滑になります。

みんなのやくそくノート
- 対象学年‥‥‥小学校3年・4年・5年・6年
- 児童用‥‥‥‥変形A4判　32ページ：各 **300円**
- 教師用‥‥‥‥変形A4判　64ページ（朱書き＋指導案）：各 **300円**

HPでも詳細がご確認いただけます。　http://www.toshobunka.co.jp/service/yakusoku.php

この商品のお求めは 図書文化社 営業部 へ　　TEL.03-3943-2511　　FAX.03-3943-2519

第4章

学級づくり12か月
─そのねらいと方法─

本章の構成

この章では，1年間の流れに沿って，学級集団づくりのアイデアを紹介します。
・1年を大きく10シーズンに分けて示してあります。
・各シーズンの冒頭では，各時期の「特色と方針」を述べました。
・4場面を取り上げ，学級集団づくりの核となる実践に絞って紹介しています。
・P86とP112のCheck!では，学級が順調に「親和的なまとまりのある学級集団」に向かっているかを確認し，見直しをするためのポイントを解説しました。

学級集団づくりの一年間（小学校中学年）

		1学期			
		4月1週目	4月〜GW	5月〜7月	夏休み前
各時期の ねらい		学級に前進的な雰囲気をつくる P56	安心してかかわれる友達をつくる P66	ルールの定着と，友達とのかかわりを増やす P76	「学級の一員でよかった」と感じさせる P88
日常指導で 行うこと		生活のルールを確認する	学級のルールが定着する	友達づき合いのルールを身につける	生活の成果を共有する
授業・学習で 行うこと		授業のルールを確認する	学習のルールが定着する	自ら学習する習慣を身につける	学習の成果を共有する
学級活動で 行うこと		楽しくなりそうな期待をもつ	学級生活の目標をもつ	グループ活動のルールを身につける	1学期の成果を夏休みに生かす
保護者対応で 行うこと		この先生なら安心だと感じてもらう	1年間の見通しをもってもらう	信頼関係を築く	1学期の評価を理解してもらう
集団づくりの めやす P8		第1レベル／第2レベル 2〜3人でつながる		4〜6人の小集団	Check! → P86 →

▼「特色と方針」の見方

[この時期のねらい]

　各時期の学級づくりのねらいです。

[やること]

　各時期のねらいを達成するために，教師が行うべき中心的な内容です。

[ゴールとなる子どもの姿]

　各時期のねらいを達成し，次のステップへ進むまでに，子どもがどのような姿になっていればよいか，イメージがもてるようにしました。

[教師力アップのコツ]

　各時期に教師が常に意識しておくべきことです。指導を貫くたコツです。

2学期				3学期	
夏休み明け	9月～10月	11月～12月	冬休み前	1月～2月	春休み前
落ち着いた学校生活を送らせる P92	一丸となって行動させる P102	人間関係の範囲を拡大させる P114	「やればできる」と感じさせる P124	子どもたちの願いを実現させる P128	新しい学年への意欲をもたせる P138
生活リズムを取り戻す	目標に向かって活動する	友達と協力して，解決しようとする	成長を認め合う	リーダーに協力して活動する	新しい学年の生活に希望をもつ
2学期への意欲をもつ	友達の意見を尊重する	グループで力を合わせる	成長の実感と今後への展望をもつ	認め合い活動を促進する	自分の成長を確認する
新しいメンバーと活動できる	友達のよさを見つける	グループで役割を決めて活動する	学級の楽しい思い出を確認する	集団活動で達成感を味わう	学級生活や友達への満足感を味わう
夏休みの生活の様子を教えてもらう	学習活動に参加してもらう	わが子の友達を理解してもらう	わが子の成長に気づいてもらう	進級の準備をしてもらう	1年間の成長を実感してもらう

第3レベル
中集団がつながり全体がまとまる

Check! → P112

第3レベル／第4レベル
10人程度の中集団

4月1週
4月～GW
5月～7月
夏休み前
夏休み明け
9月～10月
11月～12月
冬休み前
1月～2月
春休み前

4月1週目

この時期のねらい
学級に前進的な雰囲気をつくる

▶ 4月1週目の学級の雰囲気

　入学式，始業式に始まり，身体測定や健康診断，交通安全に関する行事，1年生を迎える会と，行事が多くあわただしい毎日である。

　子どもたちは，新しい担任教師に興味をもち，「どんな先生なのか」「どんなとき怒るのか」など，教師の一挙一動に注目している。ときにはおちゃらけた質問をして，教師の反応を探ったりもする。また，新しい友達の様子が気になり，「仲よくなりたい！」「一緒に遊びたい！」と強く願い，新しい出会いに胸を弾ませている。中学年として，たくましさを増した子どもたちは，行動範囲が広くなり，友達のつくり方も身につけていて，自分の興味や関心に基づいて，さっそく，気の合った友達と2，3人のグループをつくろうとしている。

やること
明るい雰囲気のなかで、ルールを共有していく

4月1週目 学級に前進的な雰囲気をつくる

🚩 ゴール となる子どもの姿

教師が明るくやさしい存在であることを理解し、教師との信頼関係を確立している。たくさんの友達と、ルールを守って、明るく接していこうという意識が高まり、学級のルールを大切に守ろうと考えている。

- 日常指導は P58 参照
  「あいさつ」「教室移動」「チャイム」

- 学級活動は P62 参照
  「学級のルール」「教師への安心感」「自己紹介」

- 授業・学習は P60 参照
  「提出物」「話の聞き方」「持ち物」

- 保護者対応は P64 参照
  「学級経営方針」「教師への親近感」「教師への安心感」

▶ 教師力アップのコツ

(1) **名前を呼ぶ**
・どの子も平等に「〜さん」と呼び、子どもによる区別を示さない。
・「間違えて読んだら、『惜しい、○○です』とやさしく教えてくださいね」。

(2) **一人一人に声をかける**
一人1日に1回ずつは声をかけるように意識する。会話がつながるように声をかける。「おはよう、たつおくん。何かいいことあった？」。

(3) **ゲームを取り入れながら**
中学年はゲームが大好き。発問を2択や3択にしたり、なぞなぞを出したり、ときには、並び方の簡単な競争をさせたりする。

(4) **キャラクターを大活用**
ペープサートやぬいぐるみ、教師が変身したりして、「ほめるときのキャラクター」「叱るときのキャラクター」を設定。ルールをわかりやすく理解させる。

(5) **笑顔で接する**
子どもたちの緊張を笑顔でほぐす。特に、「最初の出会い」、以降も、「教室に入るとき」「朝の出会い」「帰りの別れ」などはとびきりの笑顔を見せたい。

🌸 **4月1週目** 《ねらい》学級に前進的な雰囲気をつくる

日常指導では　授業・学習　　学級活動　　保護者対応

生活のルールを確認する

新しいメンバーとの仲間意識を感じる

ここがポイント 全員で元気よく練習させることで，一体感を感じさせる。

お手本のあいさつ

① 教師がよいあいさつの仕方を説明し，実際にやってみせ，お手本を示す。朝のあいさつは「口を大きく開けて」，「みんなに届く声で」，「腰は45度にまげて」。
② 学級全員で練習してみる。
③ よかった子をお手本として紹介する。
④ 班ごとに，声を合わせてあいさつさせる。
⑤ チャンピオン班を決める。「いちばんよかったと思う班に手をあげましょう」。
⑥ どんなところがよかったかを聞く。

学級全員で声をそろえる

① 学級全員で声を合わせてあいさつさせる。「今度は，全員で声をそろえてやってみよう」。
② 点数で評価しながら，100点になるまで，繰り返しあいさつさせる。「う〜ん，60点。まだまだ恥ずかしがって声を出さない人がいるよ」「そうよくなってきた80点。声をそろえて，もう一回」「そうだ，100点。いいあいさつができたね」。

毎日繰り返す

① 1週目は，毎日同じことを続ける。「一回目で100点のあいさつができるといいね。さあやってみるよ」「すばらしい」。

① **お手本を示す**

「木村さんのあいさつが気持ちいいなぁ！お手本にしよう」
「すごーい」

② **声をそろえてあいさつ**

「恥ずかしいけど雰囲気でできちゃう！」
「みんなで声を出すのってなんかいい！」
「よくなってきたよ！」

安全に関するルールをみんなで確認する

ここがポイント 原則を知らせ，守れたかを各自自己評価させる。

安全な教室移動

① 並ぶときの3原則を教える。「すばやく，だまって，きれいに並ぶ（いすの整頓）」。
② 教師や係が出すハンドサインにしたがって，並ばせる。
③ 原則を守れたか人数を挙手で確認し，全員ができるまでやり直させる。
④ 廊下を歩くときの3原則を教える。「静かに，右側を，歩く（走らない）」。
⑤ 危険な場所を知らせ，3原則を確認する。
⑥ 移動先で3原則を守れた人数を数える。「次は全員が守れるといいですね」。
⑦ 移動する機会をとらえて，できたことをほめながら，繰り返し確認させる。

去年、ここでぶつかり合ってけがをした人がいます 安全のルールは一人でも守らない人がいると危険です

みんなで守らなきゃ あぶない

時間を守って行動する意識をもつ

ここがポイント だれかが守れないことがあったら，改善点をみんなで考えさせる。

チャイム着席

① 教師は授業開始時刻に教室にいて，チャイム着席の実態を確認する。
② 遅れた子には，理由を報告させる。「〜していて遅れました。次から気をつけます」
③ 学級全体で，間に合うための改善点を確認させ合ってから，授業に入る。
④ 全員が守れた日は，大いにほめる。
⑤ 教師が授業開始時刻に教室にいられなかった場合は「先生がいなくても開始の時刻までに席に着けましたか？」「静かに授業の準備ができましたか？」と確認する。
⑥ 教師がいなくても，自分たちでしっかりできたことをほめる。

チャイム着席を守るために
トイレは休み時間の最初に行ったか？
時計の場所を確認していたか？
時計を見たか？
移動時間や手洗いうがいの時間を考えて行動していたか？
みんなで声をかけあっていたか？

みんなはどうしたら守れると思いますか？ 声をかけてあげればよかった

4月1週目 学級に前進的な雰囲気をつくる

4月1週目 《ねらい》学級に前進的な雰囲気をつくる

日常指導　**授業・学習では**　学級活動　保護者対応

授業のルールを確認する

提出のルールを確認する

ここがポイント 友達とかかわらせながら，提出物ごとのルールを確認させる。

個別の課題の出し方（宿題）

①番号順に提出させる。
②自分の前後の番号を見つけ，重ねて提出させる。冊子は提出箇所のページを開かせる。提出したら，ネームカードを裏返させる（別の場所に移す）。
③忘れたときは，必ず報告させる。ネームカードで各自の状況がわかることで，連帯感と適度な競争心をもたせる。

班の課題の出し方（グループワーク）

①集配係を決め，回収，配布させる。
②ノートやプリントを集めるときは，班ごとに協力して集め，返却も班ごとで行わせる。「集配係にお願いしますと渡しましょう」「配るときは，どうぞと渡し，ありがとうと受け取りましょう」。

テストの出し方（テスト）

①出席番号順に集めることを伝える。
②1番，11番，21番，31番の子を回収係に指名する。
③1番の子には，2～10番の分を回収させる。同様に，各番号の回収係に10人分を集めさせ，教師に提出させる。

話を聞くときのルールを確認する

ここがポイント よい聞き方をしている班や個人をほめてルールを示し，意欲を高める。

話の聞き方

①よい話の聞き方を掲示する（3か条）。

- ・相手の顔を見て，うなずきながら聞く
- ・話は最後まで聞く
- ・話が終わったら，質問や感想が言える

②よい聞き方をしている班を取り上げる。よい聞き方の具体的な点をあげてほめる。「話す人の方に体を向けているね」。

③聞いたあとの質問や感想も言わせるとよい。反応があったときのうれしさに共感させ，質問や感想を言う意欲をもたせる。

④よい聞き方ができたか振り返る。「3か条を守れた人は手をあげてください」。

持ち物のルールを確認する

ここがポイント 日一回，1時間目に忘れ物チェックをして，ルールを定着させる。

忘れ物チェック

①授業準備をしっかりする意義を伝える。「忘れ物をすると，だれかに借りたり，授業に参加できなかったりして，ほかの人に迷惑をかけてしまいますね」

②筆箱に入れておくものリストをつくっておく。

③1時間目の冒頭で，忘れ物チェックをする。「筆箱に必要なものが入っているかチェックします。全員立ちましょう」「全部入っている人は，座りましょう」

④忘れた子には報告させる。「（　　　）を忘れました。次の時間は忘れないようにします。すみませんでした」。

第4章 学級づくり12か月－そのねらいと方法－

4月1週目　学級に前進的な雰囲気をつくる

4月1週目 《ねらい》学級に前進的な雰囲気をつくる

日常指導　授業・学習　**学級活動では**　保護者対応

楽しくなりそうな期待をもつ

新しい学級でのやり方を共有する

ここがポイント　役割分担や学級のルールを明確にし，全員で合意して進めさせる。

掲示をつくる

①当番活動について，わかりやすく，子どもたちがすぐに活動に入れるよう，あらかじめ，どのような方法がよいかを考え，準備しておく（「だれが」「何を」「いつするのか」役割分担表・手順表，ネームカードなど）。

こまめにほめる

①子どもたちに，当番活動に取り組ませる。よい姿がみられたときは，即時にほめる。

変更，確認，追加は学級全体で

①仕事に慣れてくると，子どもたちから意見が出てくる。手順の簡略化など，はっきり「それでよい」と答えられないことに対しては「だめです。よく考えて，このクラスのやり方が決まったところで全員に伝えます」と答える。
②子どもからの提案について，学級全体で確認する。給食のおかわりの仕方，ふでばこに入れておくもの等，どんな小さなことも，学級全員に提案する。
③新しく決まったルールについて，紙に書いて教室に掲示する。

① 役割・ルールは掲示する

給食当番：ごはん／しるもの／おかず

掃除当番：ふき／はき／ふき／ゴミ／たな

先生「当番はみんなに対しての責任があるよ」
「名前が書いてあってとてもさぼれないなぁ！」
「まかされてるって感じがする！」

② 例外をつくらない姿勢を示す

トイレそうじ手順表

1の人	2の人
① 小べんきをこする	① 個室から広い所にむかって床をはく
② 大べんきをこする	② 個室から広い所にむかって水をまく
③ 洋式べんざをシートでふく	③ 排水溝にむかってデッキブラシでこする

児童「先生，大便器がきれいだから②はとばします」
先生「だめです。今度クラスのみんなに聞いて，ルールになったらよしとしようか」

新しい担任に安心感をもつ

ここがポイント 楽しい雰囲気のなかで，教師自身のことや，学級への思いを伝える。

教師の自己開示

①質問・クイズ形式で知らせる。「先生のことについて，知りたいと思うことを質問してみてください」。
②教師が叱るときを宣言しておく。「この3つ以外は，それほど叱りません」（※）

> 1．大切な命を傷つける危険があるとき
> 2．人に迷惑をかけながら，自分の楽しさを得ようとしたとき
> 3．3回注意されても直そうとしないとき

③教師の願いを伝える。「できなくても，間違っても，できるようにがんばる子がたくさんいるクラスだとうれしいです」。

- - - - - - - - - - - - -

子ども同士でお互いを知り合う

ここがポイント ゲームを通じて，友達のことを知る機会をつくる。

自己紹介・他者紹介

①2人組になり，自分の名前を言って握手し，ジャンケンする。
②5分間，勝った人が負けた人に質問する。質問はあらかじめ配っておき，聞き取った内容を書かせる。終わったら交代する。

> 好きな食べ物は（　　　　）
> 得意なことは（　　　　）
> いま，夢中になっていることは（　　　）
> クラスのみんなに言いたいことは（　　　）

③班に分かれ，互いに紹介し合う。
④メモを回収し，帰りの会で教師が2，3枚ずつ読み上げ，だれのことか当てさせる。

参考文献 （※）野口芳宏著『学級づくりで鍛える』明治図書，1988

🌸 **4月1週目**《ねらい》学級に前進的な雰囲気をつくる

日常指導　　授業・学習　　学級活動　　**保護者対応**では

この先生なら安心だと感じてもらう

担任がやりたいこと，めざすことを知ってもらう

ここがポイント　学級通信などで，早期に，むずかしい表現は避け，わかりやすく伝える。

めざす学級像を伝える

①学級通信のタイトルにこめた思いを書く。
②めざす学級像とその理由を書く。1年後をイメージして，「こんな学級をつくっていきたい」という教師の熱意を伝える。保護者に，めざす学級像（ゴール）を伝えておくことで，保護者に学級経営に協力する気持ちをもってもらう。

めざす子ども像を伝える

①めざす子ども像とその理由を書く。学級びらき当初から子どもたちの様子を観察し，すでにめざす姿を見せてくれている子どもたちのエピソードを具体的に知らせる。
②教師の願いを，「こんな子どもたちが増えるとうれしい」という形で伝える。

具体的な活動を知らせる

①めざす学級像，めざす子ども像に迫るために行う具体的な活動を知らせる。計画倒れは信頼を失うことにつながるので，現在，始めようと準備している活動についてのみでよい。必要なものについては，家庭に活動への協力をお願いする。

① 「めざす学級像」を伝える

　はっきりとゴールを示してくれるのね！
　私も意見が言いやすいわ

② 子どものために努力することを伝える

（例）
　私は，全力でお子さんの教育にあたります。ですが，未熟ゆえ，うまくできないことがあると思います。そんなとき，「先生ダメね…」とお子さんの前で言わないでいただきたいのです。教師の仕事は，子どもとの信頼関係が無ければ成り立ちません。
　すべてのご意見は，私，もしくは，校長へご連絡いただきますよう，お願いいたします。ご批判は，謙虚に受け止め，向上できるように努力いたします。

正直で一生懸命な先生ね！
子どもとの信頼関係
学級通

教師に親近感をもってもらう

ここがポイント 学級通信などに，人間像が伝わる自己紹介的内容を盛り込む。

自己紹介

①出会いの日の出来事を，子どもの会話や具体的姿を入れながら書く。子どもたちの様子をよく見て，記録しておく。
②自己紹介は，できるだけくだけた感じで書き，親近感をもってもらう。
③教師の仕事は子どもたちとの信頼関係にあることを伝える。
④班のメンバーや係などを紹介し，わが子以外のクラスメイトを知ってもらう。
⑤子どもの作文や日記，目標などを載せる。継続発行する場合は，個人名を記載するほうが，読む関心が高まる。全員ができるだけ均等に登場するように書く。

子どもへの対応に安心感をもってもらう

ここがポイント 「連絡のとりやすい先生」という第一印象をもってもらう。

連絡帳・電話

①子どもが，欠席したとき，けがをしたとき，けんかがあったときには，必ず教師から連絡を入れる。連絡をとる前に，子どもの様子をよく見て，具体的なよさを見つけておく。
②連絡では，まず，「子どもの様子が心配で連絡をとった」旨を伝える。その後，「その子のよい部分」を添えて伝える。
③保護者から要望があったときは，連絡がとれることに安心感をもってもらう。「気がつかないでいたところを，ご連絡いただき，助かりました」。

4月1週目　学級に前進的な雰囲気をつくる

4月〜GWまで

この時期のねらい
安心してかかわれる友達をつくる

▶4月〜GWまでの学級の雰囲気

　新しい教科の授業，クラブ活動などの新しい活動も始まり，学習時間は増え，子どもたちの生活様式は多様になってきた。それと同時に，お互いの個性が感じられるようになり，自己主張がぶつかり合う場面も見え始めている。

　同じ活動をしても，友達によって，グループによって，行動様式に差異があり，ひとまず，どんな場面で，どんな行動をとればよいのか，教師の指示から判断している。このときの，一部の不平や不満を，学級全体の問題として取り上げると，ルールについての議論が深まるようになってきている。

　一部の友達に流されるがままにさせるのではなく，学級全体で決めたルールに従って行動しようとする行動規範を身につけられるようにしたい。

やること
ルールを定着し，何でも言える雰囲気をつくる

ゴール となる子どもの姿
1人の悩みを学級で解決していこうとする。ルールとは，与えられるだけでなく，自分たちでつくってよいものだと思っている。学級で困っていることは，ルールをつくって，それを守ることで解決しようとする。

4月～GWまで　安心してかかわれる友達をつくる

日常指導は P68 参照
「日直」「朝の会・帰りの会」
「ルールの意味」

学級活動は P72 参照
「学級目標」「個人目標」「当番活動」

授業・学習は P70 参照
「発表」「ノート」「グループの話し合い」

保護者対応は P74 参照
「授業参観」「学年部会」
「保護者同士の交流」

▶ 教師力アップのコツ

(1) 簡潔に話す
一指示一行動。重文や複文はさけ，単文。すべきことを話す。「～して～したら，～しなさい」（複数の指示），「～してはいけません」（禁止）はわからない。

(2) ポイントを確認してから，行動に移る
行動の前に，気をつけるポイントを　つ確認する。「理科室に移動します。口を閉じて並びます」。そのポイントを守れた子どもをほめる。

(3) 子どもと遊ぶ
休み時間など，一日に一回は子どもと遊ぶ。子どもを理解するためになどと固く考えずに，教師自らがストレス解消にするような気持ちで遊ぶ。

(4) スキンシップを活用する
「泣いている子の肩に手をおく」「ルールを守れなかった子に個別に約束をして握手をする」等，言葉がけ以上に安心感を与える場面がある。

(5) ルール，提出期限を厳守させる
いつ，どうやって提出するかを，提出のルールとして決めておく。「登校したらすぐに提出する」「忘れた場合は，『理由』と『いつ出せるのか』を言う」等。

🌸 **4月〜GWまで**《ねらい》安心してかかわれる友達をつくる

日常指導では　授業・学習　　学級活動　　保護者対応

学級のルールが定着する

日直の仕事を把握し，行う

ここがポイント　仕事の手順を共有し，全員が行えるように，子ども同士で声をかけさせていく。

仕事の内容の確認

①日直の仕事にはどんなものが必要であるかを発表させ，内容を全員に確認させる。
②すべての仕事名を見せながら，自分たちで決めた仕事であるということを確認させる。
③日直の仕事内容（やること，いつ）を一つずつ，短冊に書かせる。
④手順を確認して，短冊を並べ，教室につるして掲示しておく。

進捗状況のチェック

①日直は，仕事が終わったら，短冊を裏返して，次の仕事内容と仕事の様子を学級全員が確認できるようにさせる。
②日直がたまたま手が回らないときなど，周りの子どもに手伝いをさせる。
③その日の日直の活動の様子を見ていて，よかったところを教師が帰りの会などで紹介する。
④慣れてきたら，子どもたちからよかったところを発表させる。「とてもきれいに黒板が消してありましたよ」「号令の声がはっきりとしていましたね」。

① **全員で話し合い，仕事内容を共有する**

「朝の窓あけ」「そうか！」「号令も日直の仕事だよね」「えーとほかには…」

② **手順を確認しながら取り組む**

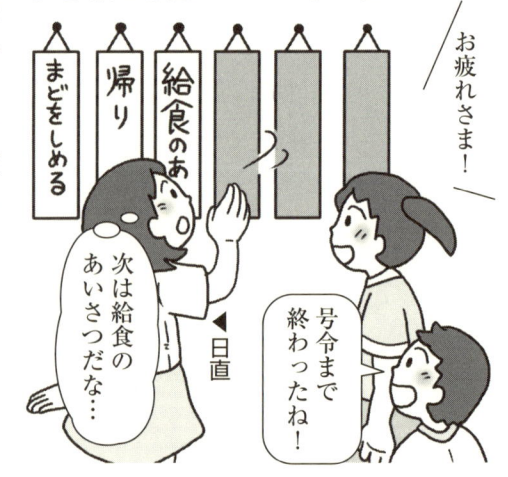

「まどをしめる」「帰り」「給食のあ…」
「お疲れさま！」
「次は給食のあいさつだな…」
◀日直
「号令まで終わったね！」

朝の会・帰りの会の進め方を考え，行う

ここがポイント 全員で話し合い，司会進行と話す言葉のひな型を考えさせる。

朝の会・帰りの会の進め方

① 朝の会・帰りの会ですることを全体で話し合い，発表させる。教師からも提案する。司会とほかの人の役割は分けて考えさせる。
② 手順を確認させる。
③ 手順に沿った話し方のひな型を考えさせる。どのような話し方がよいか，子どもたちに話し合わせる。
④ 朝の会・帰りの会のプログラム，話し方のひな型を，教室の後ろに掲示する。
⑤ 話をしようとする人が黒板の前に立ったら，活動を中断し，口を閉じて話す人のほうを見るという約束をさせる。

朝の会
一、朝のあいさつ
　「元気にあいさつをしましょう」
　「おはようございます」
二、朝のうた
　「歌がかりさんおねがいします」

「次は何をするのかな？」
「1分間スピーチ！」
「去年のクラスは何してたっけ……？」
「元気かどうか言う！」

4月〜GWまで　安心してかかわれる友達をつくる

「みんなでルールを守ろう」と思う

ここがポイント そろって行動させることで，みんなでルールを守る意義を実感させる。

みんなでそろってあいさつ

① あいさつをするときは，声と動きを合わせることが大切であることを知らせる。
② あいさつするときの一連の動作を図で示し，教師が号令をかけながら練習させる。教師「起立！」，子ども「1，2，3，4」
③ 班ごとに，あいさつの動きを見合いながら，声と動きが合う美しさと，気持ちを合わせてあいさつしたときの爽快さを意識させる。
④ 声と動きがぴったり合ってきたことを随時ほめていく。「みんなの声が合っていて，すごいパワーが出たね」「気持ちが合わさって，一緒にがんばろうという気持ちになるね」。

起立
① ひざを机の横に出す
② 立ち上がる
③ いすを持つ
④ 静かに机の下に入れる

「みんなでやってみましょう　号令に合わせて動きますよ。」

🌸 **4月～GWまで 《ねらい》安心してかかわれる友達をつくる**

日常指導　**授業・学習では**　学級活動　保護者対応

学習のルールが定着する

安心して発表できるようになる

ここが ポイント 発表のマナーを共有しておき，授業中に繰り返し練習させる。

発表のマナー

①発表することのよさを説明する。「授業で発表し合うことは，みんなで協力して学習内容をわかり合うことにつながります。みんながたくさん発表できるといいですね」。
②発表のマナーを伝える。掲示物などにまとめて見やすいようにしておく。

- 発表するときの手のあげ方・返事の仕方
- 指名されたら，必ず何か言う
- 考えがまとまらないときや，わからないときの答え方
- 大勢の人のほうを向き，全員に聞こえる声で話す

③発表のひな型を確認させる。
④発表するときは，マナーを守って，話し方のひな型を見ながら発表できるようにさせる。

授業中に練習

①発表の仕方を，授業で練習を繰り返し，ほめることで定着を図る。
②座席表シートを黒板に貼り，発表した児童にマークをする。教師は一日の発表回数のチェックができ，子どもにとっては発表への励みになる。

① 発言のひな型を示しておく

自分の意見を言うとき
　（　　　　）です
　理由は（　　　　）だからです

友達の意見につけたしのとき
　○○さんにつけたしで（　　　　）
　だから、私も（　　　　）です

意見が変わったとき
　はじめは（　　　　）と思いましたが
　○○さんの意見を聞いて
　（　　　　）がよいと思いました

② 発言できたことをほめていく

「秋田さん、ありがとう！意見も話し方もとってもよかったよ！」

「春山さんと夏目さんと同じで、私もAのほうが軽いと思います」

参考文献 河村茂雄・品田笑子・藤村一夫編著『いま子どもたちに育てたい学級ソーシャルスキル 小学校中学年』図書文化，2007年

ノートを見やすく書く

ここがポイント 友達のノートをお手本に，自分なりの方法を身につけさせる。

ノートのとり方

①整理して書くと，見直しをしやすいことと，自分の考えを振り返りやすいことを伝える。
②マス目黒板や罫線黒板を補助的に用意し，ノートのとり方を説明する。書き方，間違ったときの方法等を知らせておく。
③ノートのとり方が上手な子どものノートを印刷して配布する。「〇〇さんのノートのとり方が，とてもすばらしかったので，紹介します」「どんなところが，いいと思いますか？」。
④ノートを集めてチェックしたら，キャラクターマークやコメントで評価する。

・・・・・・・・・・・・・・・・・・・・・・・・

グループで話し合う

ここがポイント シナリオを共有させておき，司会を決めて繰り返し練習させる。

話し合いの進め方

①話し合いの進め方のシナリオを班に1枚ずつ配り，使い方を説明する。
②話し合いの時間を，1日1回を目安に設定する。司会を決め，班ごとにシナリオに沿って話し合わせる。司会は番号ごとに毎日違う子どもに行わせる。「今日の司会は，〇番です」「お題は『全員遊びの時間に，何をして遊ぶか？』です」。
③話し合いのなかで見られた，子どものよい姿を紹介する。「〇〇班さんは，全員が頭を寄せて話し合っていましたね」「△△さんは，みんなの意見をまとめるような発言をしていました」。

4月〜GWまで　安心してかかわれる友達をつくる

🌸 **4月～GWまで** 《ねらい》安心してかかわれる友達をつくる

日常指導　　授業・学習　　**学級活動では**　　保護者対応

学級生活の目標をもつ

みんなの願いを集約した学級目標をつくる

ここがポイント 全員に「どんなクラスにしたいか」を表明させ，意見を集約する。

学級目標の作成

①一人一人の願いを表明させる。事前に用紙に「どんなクラスにしたいか」を書かせておく。数は自由。多くても少なくてもよい。用紙を黒板に貼りながら，「こういうクラスにしていきたいです。その理由は……」と願いを発表させる。
②子どもたちの願いを集約する。「たくさん出てきた言葉は，何でしょうか？」とよく出された言葉を3つほど選び，共通する願いを確認させる。
③共通する願いを生かして班ごとに話し合い，目標をつくらせる。全体で意見交換させたあと，その中の一つを学級目標にする。

学級目標の掲示

①学級目標を掲示する。学級目標の周りに一人一人の顔や手形，考えた願いなどを貼り，子どもたち全員でつくらせる。
②決定した学級目標を達成するために，自分たちはどんなことをしていくのかを話し合わせる。
③手だては5つに絞り，掲示させる。学期末に，達成できたか振り返ることを伝える。

①「どんなクラスにしたいか」を交流し合う

「明るいクラスにしたいです。理由は毎日楽しく過ごしたいからです」

「明るい」はほかの人とも共通するね

② 目標と手立てを一緒に掲示する

3年2組「明るく元気なクラス」

具体的な手立てが見えてきたね！

みんなでがんばろう

楽しくなってきたな！

個人目標をもち，友達の目標を知る

ここがポイント 個人目標を掲示させ，友達と互いに見合わせる。

個人目標の掲示

①いままでに，がんばって取り組んだ結果，できるようになったことを思い出させる。
②「学習」「生活」のそれぞれの分野で，できるようになりたいことを考えさせる。
③目標と達成のための手立てを記入させる。目標達成のための具体的な手立てまで決め，紙に書かせる。振り返りがしやすくなる。
④目標と手立てを書いた紙は目にとまる場所に掲示しておき，友達がどんなことをがんばっているかについて，学級全員にわかるようにしておく。
⑤月に一回程度，振り返りの機会をもつ。

・・・・・・・・・・・・・・・・・

当番活動で，困っていることを話し合う

ここがポイント 分担や手順を改善する具体的な手だてを話し合わせ，全員に確認させる。

当番活動の改善

①当番活動で困っていることを話し合わせ，教師が支援しながら，改善案を考えさせる。

【課題】分担がはっきりしない
→「必要な役割は何か」「だれがやるのか」が，ひと目でわかる分担表を作成する

【課題】方法・手順がわからない
→ できている子を紹介し，やり方を確認させる
→ マニュアルを作成させる

【課題】ふざける，なまける人がいる
→ リーダーやチェック役を決め，始め・終わりの確認を徹底させる。それでもだめなら，教師へ報告させるようにする

4月〜GWまで　安心してかかわれる友達をつくる

🌸 **4月～GWまで** 《ねらい》安心してかかわれる友達をつくる

日常指導　　　授業・学習　　　学級活動　　**保護者対応**では

1年間の見通しをもってもらう

授業参観で，子どもの様子を見てもらう

ここがポイント　わが子のがんばる姿や，友達とかかわって活動する姿を見てもらう。

事前準備

①授業参観の計画を立てる。保護者のおもな関心「どんな先生で，学級の雰囲気はどうか？」「子どもは一生懸命に学習に取り組んでいるか？」「友達と仲よくかかわっているか？」に応える。

②学級目標や１学期の個人目標，子どもの作文や絵等，新学期の意欲が伝わる作品を掲示する。

授業

①授業を展開する。よくないところはやり直させるが，よいところを，いつも以上にたくさん見つけて，ほめるようにする。

②子ども主体の活動に入る。全員に発言機会があるように工夫する。保護者が子どもの発言から，わが子の学習への取組みの様子や，ほかの子どもとのかかわりを理解できるようにする。「国語の音読リレー読み」「フラッシュカードで一問一答」など，得手不得手にかかわりなく答えられるものがよい。

③子ども同士の活動に入る。「二人組での相談」をさせたり，「共同作業」をさせたりするなど，子ども同士が協力して進められる活動を取り入れる。

① 学級活動の様子や子どもの作品を見てもらう

3年2組「明るく元気なクラス」

「明るい雰囲気の教室ね」
「こんなことをがんばろうと思っているのね」

② 実際のかかわりを見てもらう

「お友達と仲良くやれているみたいね」
「この雰囲気なら一年間楽しくやれそうだわ！」
「うんうん」「それはさ―」

「二人組で意見はまとまったかな？」

行事予定と活動概要を知ってもらう

ここがポイント 具体例をあげながら，保護者が理解しやすいように説明する。

学年部会での行事説明

①説明は，「ポイントを絞って，簡潔に話す」「具体的なデータや昨年度の例，予想される子どもの姿などを盛り込みながら話す」ことを心がける。

②保護者からの質問に誠実に答える。「ご質問ありがとうございます。こちらの説明不足でした。おかげでみなさんに知らせることができました」「いま，はっきりしたことはお答えできないのですが，後日，学年通信でお答えします」。

ほかの保護者と交流してもらう

ここがポイント 子どもを話題にした，保護者同士の交流の場面を設ける。

保護者同士の交流

①自己紹介やあいさつをゲームで行う。「子どもが学校でやっている○○を試しにやってみましょう」などと投げかけると，スムーズに参加してもらえる。

②ゲームの延長で2～4人グループに分ける。

③グループで会話をしてもらう。「子どもの就寝時刻が話題に上がっています。お家の様子について，近くの人同士で話してみてください。あとで，どなたか一人，グループの話を発表してください」「時間は5分。余った時間は，子どもに関する別の話題を自由に話してください」。

④グループごとにを発表してもらう。

4月～GWまで　安心してかかわれる友達をつくる

5月～7月

この時期のねらい
ルールの定着と，友達とのかかわりを増やす

▶ 5～7月の学級の雰囲気

　友達同士のかかわりが自然発生的に生まれている。一人一人の違いをなんとなく感じ，行動パターンの似た者同士で友達グループが固まりつつある。休み時間は，みんなでスポーツに興じても，男の子同士，女の子同士で別々に盛り上がるような場面もみられる。また，お互いの長所・短所や性格，興味関心などがわかり始め，「運動の得意な子」「口数の少ない子」「短気な子」程度のイメージを，相互にもち始めている。

　地域や家庭でも友達の輪は広がり，ある程度メンバーが決まったグループで，活動を始めている。

　教師との信頼関係は定着し，子ども一人一人への理解も深まってきている。

やること
小グループの活動を通して，仲間意識を育てる

ゴール となる子どもの姿
お互いの考え方や行動パターンの違いを理解し合ったうえで，それぞれの長所を認め合って関係づくりをしている。学級での取組みを通して，成就感や楽しさを共有することで，仲間意識が芽生えてきている。

> 日常指導は P78 参照
> 「グループづくり」「よいところ見つけ」
> 「遊びに誘う」

> 学級活動は P82 参照
> 「係活動」「学級の改善」「体験学習」

> 授業・学習は P80 参照
> 「グループ学習」「学習習慣」「体験学習」

> 保護者対応は P84 参照
> 「家庭訪問」「トラブル対応」「保護者会」

5月～7月　ルールの定着と，友達とのかかわりを増やす

▶ 教師力アップのコツ

(1) 2人組の作業に慣れさせる
ごく簡単な相談や確認の時間をこまめに取り入れる。この時期は隣同士や前後など2人組の規模を母体として，だんだんと4人組へと移行していく。

(2) 教師が，遊び方やかかわり方のモデルを示す
休み時間はリーダーとなり，誘い方やメンバーの合意を得て遊ぶことを示す。体育では，生まれた季節のチームで対戦など，いろいろな友達との交流を促す。

(3) モデルを示す
よいモデルを示し，よくないモデルも対比的に示す。どういう部分がよくて，どういう部分が悪いかをていねいに観察させる。よい部分をまねさせる。

(4) 説明は短く，体験を重視する
行為行動を通して学ぶことを基本にする。事前の説明は最小限にして，場合によっては試行錯誤させることも必要である。

(5) トラブルを上手に叱る
当事者のダメージに配慮しながら，学級の問題にしていく。学級全体で共有することで，新しいルールが必要かどうかの検討につなげたりする。

🍀 5月～7月 《ねらい》ルールの定着と，友達とのかかわりを増やす

日常指導では　授業・学習　　学級活動　　保護者対応

友達づき合いのルールを身につける

役割活動に取り組む

ここがポイント いろいろな子とかかわらせながら，ある程度組織的に取り組ませる。

活動ごとに違うグループづくり

①役割活動ごとに，違うメンバーのグループをつくらせる。このとき，「リーダーとフォロワーがいつも同じ子にならないこと」「グループとして最低限のルールを共有していること」の2つができているかを見守る。

②活動内容や役割を，子どものアイデアで，編成していく。グループの人数は4名を基本とする。学級の児童数により，3～5名のグループもつくる。

③既存の係活動と別に，「プロジェクト係（あると楽しい係，レクや新聞など）」をつくり，新しいグループを編成することもできる。

かかわりながら活動する

①子どもたちには，既存のルールを意識させながら，教師は「かかわりを増やす活動のコツ」を意識しながら，4～6週間の活動期間を定め，取り組ませる。

- ・係の活動の時間を確保する。
- ・係や当番の活動を認め合う時間をつくる。
- ・係や当番の中で役割が固定しないように分担させる。

① **当番活動で協力させる**

「ぞうきんがけを始めてください」
（ここではリーダー）

② **係活動で協力させる**

「プリント係の人ー！！」
（ここではフォロワー）

③ **プロジェクト係で協力させる**

「書記だからよく聞こう」

友達のよいところを見つけ，伝え合う

ここがポイント 活動ごとに，友達のよいところを発表する時間をつくる。

活動ごとによいところ見つけ

①教師は，認め合い活動の計画を立てる。「全員が認められるようにする」「みんなのために活動すると，みんなが楽しくなり，自分も気持ちがよい，と子どもに感じさせる」ことを意識する。

- 授業の終わりに，「音読がんばり賞」「よく考えたで賞」などを班で発表させる
- 当番活動で，目立たずにがんばっている子，みんなのために活動している子を教師が意識的に取り上げる
- 一日を振り返り，めあてをがんばっていた「今日のキラッとさん」を発表させる

遊び仲間を増やす

ここがポイント 教師の働きかけにより，新しい友達とも遊ぶ楽しさを実感させる。

遊びのきっかけづくり

①教師が休み時間に外に出て，何人かで遊ぶ機会をつくる。縄跳びや遊具で遊ぶなど，やりたい子を募る程度で強制しない。子どもたちの遊びの様子を見て，少しずつ人数を増やして遊べるよう声をかける。

②①の活動は継続しつつ，人数が増えてきたころ，学級レク係に，レクの時間の遊びを考えさせる。休み時間に体育館でドッジボールをやるなど，全員で遊ぶ機会を意識的につくる。

③①と②の活動を並行して行い，遊び集団の人数を増やしていく。そして，いろいろな友達と遊ぶと楽しいという体験をさせる。

5月～7月　ルールの定着と，友達とのかかわりを増やす

5月～7月　《ねらい》ルールの定着と，友達とのかかわりを増やす

日常指導　**授業・学習では**　学級活動　保護者対応

自ら学習する習慣を身につける

4人グループで，教え合って学習する

ここがポイント 友達の考えや意見を踏まえて，自分の考えを発表させる機会を設定する。

準備と計画

①4人組のグループ学習を計画する。友達の考えに対して自分はどう思うかを発表させるために，「友達の話を聞く／自分の考えを話す」の活動場面を，多く取り入れる。

グループ学習

①「友達の意見を否定しないで聞く」ことをグループ学習の前に意識させる。
②全員が発言できるような題材を選び，グループ学習に入る。グループ内では，発表の形式にとらわれずに，自分の考えを語り合うようにさせる。

> 【国語】物語文を教材に，登場人物のセリフを考えさせて，発表させる
> 【道徳】グループで，自分の考えを発表させ合う
> 【社会や総合】地区ごとにグループをつくり，町探検を行わせる。地区の施設や土地利用の様子を相談しながら，絵地図にまとめさせる

③聞き方が上手な子どもを「聞き方名人」のモデルとして，全体に紹介する。
④「上手に聞いてくれてうれしかった友達」を発表させ合う。
⑤「よい聞き方」をイラストで掲示するなどして，意識させる。

① 友達の考えを聞く

聞き方名人
3か条
① 目を見る
② うなずく
③ 最後まで聞く

三丁目のパン屋は朝四時には起きて準備してるって書きたいな

相手の目を見るんだよね

うん

② 自分の考えを発表する

記事を書くチームとカメラチームをつくって取材に行ってみない？

みんなの前で意見を言えたわ！

自主的な学習習慣を身につける

ここがポイント 朝自習と家庭学習を関連づけ，繰り返し行うことで習慣づける。

朝自習の家庭学習化

①朝自習（授業前の学習）で，国語，計算，読書の課題に取り組ませる。

> 【国語】事前に「毎日漢字2文字」「音読」「言葉の意味調べ」を授業でやっておき，漢字復習，音読，国語事典の活用の時間にあてる
> 【計算】「100マス計算」「割り算」「分数」など，10分で答え合わせまでできるプリントを用意しておき，自習係に進行させる
> 【読書】読書カードを用意しておき，読み切ったらシールを貼る

②家庭学習ノートをつくらせ，繰り返し家庭でも行わせる。

・・・・・・・・・・・・・・・・・

学習意欲を高める

ここがポイント 校外学習や体験的な活動を通して，学習に意欲をもたせる。

体験的な学習

①体験的な学習を計画させる。学習に課題をもたせたり，探検や見学を班ごとにオリエンテーリング形式で行わせたりして，楽しく活動できるように工夫する。

> 【社会科】校区探検，公共施設の見学。実際に見聞きさせ，興味や関心を高める
> 【理科】身の回りの自然観察，植物の栽培，動物の飼育。観察，栽培や飼育を通して，より深く学習にかかわらせる

②学習後は，学習したことを，班ごとに絵や図，作文や原稿にまとめさせ，発表させる。発表の仕方は，班内で練習させる。

5月～7月　ルールの定着と，友達とのかかわりを増やす

参考文献 河村茂雄・上條春夫編『学級タイプ別 繰り返し学習のアイデア』図書文化，2006

🍀 5月〜7月 《ねらい》ルールの定着と，友達とのかかわりを増やす

日常指導　授業・学習　**学級活動では**　保護者対応

グループ活動のルールを身につける

係活動を通して，学級生活の向上を図る

ここがポイント 子どもたちの発想を生かした係活動を設定する。

学級を楽しくする係活動

①学級に必要な係とは別に，「あると学級が楽しくなる係活動」について，子どもたち主体で話し合わせる。教師は，一人一人の自由な発想が生きるように，話し合いの時間を保証し，子どもたちを見守る。

```
＜学級を楽しくする係活動（例）＞
【お昼のワイドショー係】給食のときに，
 クイズや，友達の紹介をする
【誕生日係】誕生日の友達への寄せ書きを
 集める
【カウントダウン3年2組係】好きなテレ
 ビやお笑い芸人など，アンケートをとっ
 て集計結果を示す
【本係】「たくさん本を借りた人ベスト3」
 を調べて，賞状を作り，帰りの会に表彰
 する
【レク係】休み時間に何でもバスケットを
 企画して，呼びかける
```

係活動の運営

①学級活動の時間に話し合いの時間を設けたり，1週間に1度は，係のメンバーで給食を食べながら相談したりする時間をつくる。
②朝の会や帰りの会で呼びかけ，学級全員に係の活動や企画にかかわりをもたせる。
③みんなが楽しめた係には，拍手を送るなど，月末に認め合う時間を設ける。

① 子どもたちに必要な係を話合わせる

「あったら楽しい係を言ってください」
「みんなが楽しめる係はなにかな…」
クイズ係　ワイドショー係　カウントダウン係　ドラマ係

② 仕事内容と進め方を話し合わせる

「三択クイズは楽しいよね」
「書いたほうがよくない？」
「問題は口答で発表する？」
「みんなが楽しめそうだね」

学級会で話し合い，学級生活を改善する

ここがポイント 学級の課題解決の場としての学級会を意識させる。

学級をよくするための学級会

①学級会のとき，これからは，学級の課題を，週に一度話し合うことを伝える。
②「学級会ボックス」をつくる。学級のことに目が向けられるよう，「いま，課題だと感じていることがあったら『学級会ボックス』に入れて下さい」。
③学級役員は，一週間に一度，学級委員会を開く。投稿のあった課題について話し合わせ，学級会の議案書をつくらせる。
④だれが学級委員になっても提案できるように，提案書，台本を用意して，学級委員を中心に学級会を進めさせる。

体験学習では，ルールを守って行動する

ここがポイント グループごとに活動計画やめあてを意識させ，認め合いをさせる。

遠足のグループ活動

①遠足に，グループ活動の時間を取り入れる。遠足での学級全体のめあてや約束をもとに，グループごとの「楽しい遠足にするための約束」を話し合わせる。また，行動するコースや時間のめやす，持ち物などを話し合わせ，活動計画を意識させる。
②遠足後に，遠足で発見した友達のよかったところを発表させ合う。よいところ見つけのワークシートを用意し，グループごとに振り返らせる。
③その後，学級全体で，めあてやルールの反省をさせ，次の活動につなげる。

5月〜7月 ルールの定着と，友達とのかかわりを増やす

参考文献 河村茂雄編著『集団を育てる学級づくり12か月』図書文化，2006

🍀 5月〜7月 《ねらい》ルールの定着と，友達とのかかわりを増やす

日常指導　　授業・学習　　学級活動　　**保護者対応**では

信頼関係を築く

「子どものがんばり」を知ってもらう

ここがポイント 学校での子どもの様子をよく観察しておき，家庭訪問で，具体的に伝える。

家庭訪問時のマナー

①事前に約束をした時間に家庭を訪問する。

【時間厳守】時間にルーズな印象を与えない。地区の地図を携帯し，慣れない地区の場合は下見や移動計画を立てておく
【服装】清潔感のある服装で，持ち物も整理して必要なものがさっと出せるようにしておく

保護者との話題

①子どもの様子を具体的に知らせる。事前に，子どもの様子をきめ細かく観察しておく必要がある。「休み時間には，○○さんと，折り紙をして仲よく遊んでいますよ」「この間，となりの席の○○さんが赤鉛筆を忘れて困っていたら，これ使っていいよ，と優しく声をかけてあげていましたよ」。

＜家庭訪問の話題（例）＞
【学習面】授業態度（話しの聞き方，姿勢），発表の様子（できれば内容），ノートのとり方 等
【生活面】忘れ物，宿題への取り組み，あいさつ，言葉づかい，身の回りの整理整頓，学級の決まりへの対応，係や当番活動 等
【友達関係】一緒に遊んでいる友達，かかわり方，休み時間の様子 等

① **子どものかかわり合いの様子を観察して，よいところを見つけておく**

（優しい子なんだなぁ…）
（みんなでドッジボールするって！春菜ちゃんも行こう！）

② **保護者に伝える**

生活面：給食の片づけはリーダーシップをとっています
学習面：ノートに友だちの意見を控えています
人間関係：最近はとくに○○さんと遊んで楽しそうです
（よく見てくれているのね！）

子どものトラブル対応から信頼をかちえる

ここがポイント 誠実な対応を心がけ，事実を正確に伝える。

子どものトラブルの連絡

①校内で子ども同士のトラブルが発生したら，迅速に対応することを心がける。判断に困ったら，「ほうれんそう（報告，連絡，相談）」で，すぐ管理職に相談する。
②保護者には，まず，子どものことを心配していることを伝える。
③確認した事実を伝える。
④保護者の思いを受け止めて，話を聞く。
⑤今後どうしていけばよいか，対応策を話し合う。

「学級でのわが子の様子」を知ってもらう

ここがポイント 「成長したことを話す」「具体物を見せる」ことを通して，わが子の成長を実感してもらう。

保護者会の話題

①子どもが新しい学級，新しい担任に適応しくいることを伝える。例えば，当番活動や係活動での仕事ぶりや，時間を守って行動できていること，持ち物や宿題への取り組みといった生活面や，学習面でできるようになったことなど，4月当初と比較しながら，具体的に伝える。
②1学期の子どもの様子，校区探検，遠足，給食や掃除の様子など，ビデオで，実際に見てもらう。
③保護者同士でグループになってもらい，子どもの1学期の成果や，夏休みにがんばらせたいこと等，サイコロトーキングをする。

5月～7月　ルールの定着と，友達とのかかわりを増やす

Check! 1回目のQ-Uの実施
～5，6月に見るべきポイントと，学級づくりの見直し方～

1．見直しが必要なよく見られる状況

　5，6月までには，学級集団を，安全が守られ，安心して生活・活動できると思える状態（第1レベル，P.8参照），学級集団での生活や活動が安定していると思える状態（第2レベル）まで育成しておきたいものです。しかし，目標どおりにいかないことも少なくありません。

　見直しが必要な状態の代表が，「ゆるみの見られる学級集団」「かたさの見られる学級集団」です。Q-Uの結果から学級集団の状態を把握して，1学期の間，状態に合った対応を継続していくことをめざします。立て直しのポイントは，きちんと実態を押さえ，学級生活全体を通じて，学級集団形成で足りない要素を育成していくことです。ここで焦って目先のことばかりに取り組んでいては，学級集団の育成に一貫性がなくなり，2学期以降の大きな崩れにつながります。

2．「ゆるみの見られる学級集団」への対応

　この状態の学級は，授業中は私語や手遊び，生活面では子ども同士のトラブルなどが見られます。子どもたちには，教師の気を引いてためすような行動や，教師にまとわりつくような行動も見られ，その対処に教師が振り回されて，落ち着いた授業展開がややむずかしくなっていることでしょう。

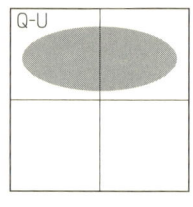

よこ型のプロット

　最大の原因は，学級にルールが定着していないことです。授業・活動などの行動スタイルが子どもたちに共有化，習慣化されていません。

　そこで，1学期の間は，ルールの指導にじっくり取り組みます。子どもたちが活動目標に向かってルールを守って行動できるように，子どもたちの意識を集中させ，簡単なルールを設定して，活動しやすい枠のなかで集中して活動させ，子どもたちができたことをほめて強化する，というサイクルです。

①活動の目的を確認させる……活動に取り組ませる前には，子どもたちの興味や関心を高める導入を行った後，子どもたちに，活動の目的を確認させます。

②簡単なルールを、みんなで、こまめに確認させる……子どもたちの意欲が高まったところで、「楽しく活動するためのルール」として、3つのルールを、子どもたちに設定させ、声を出して確認させます。そして、常に見えるところに掲示します。

③短い時間で取り組ませる……活動の長さは、ほとんどの子が集中してできるくらい短めにします。みんなでやりきった体験を積ませることが重要です。

④みんなで認め合わせる……活動後、教師は、子どもたちが、みんなでルールを守って活動できたことを、積極的にほめます。また、教師が主導して、子ども同士でも、できたことを認め合わせます。

3．「かたさの見られる学級集団」への対応

　この状態の学級は、授業に静かに取り組みますが、発表するのが勉強のできる子に限られている、私語や手遊びをする意欲のとぼしい子がいるなど、子どもたちの間に階層が見られます。

　原因は、学級内で、子どもたちの承認感に、偏りが生じていることです。

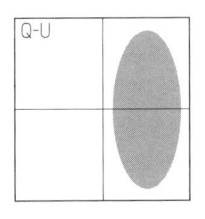

たて型のプロット

　そこで、1学期の間は、特定の子だけに目立つ役割、人気のある役割が集中しないように、役割分担のときは教師が配慮します。そして、学級のすべての子どもたち、とくに承認感の低い子たちが、活躍できる場面や認められる機会を、授業や学級活動、学級生活に意識して取り入れます。さらに、次のような、「活動→認め合い」のサイクルを、授業などにも取り入れていくといいでしょう。

①一人一人の役割を意識させながら、活動させる……班活動や係活動に取りかかる前に、自分も、友達も、一人一人の役割・取り組む内容を、みんなでしっかり確認させます。それから、活動に取り組ませます。

②一人一人が果たした役割を確認させる……活動後には、各自の取り組みを振り返る時間を設定して、お互いの取り組みを認め合わせます。教師は、目立たない子、承認感の低くなっている子のがんばりを、意識的に、周りの子どもたちに伝えます。

　中学年の学級は、学級に認め合いの雰囲気がない状態で、「きちんやることがいいこと」という多数の雰囲気ができると、一部のできていない子を、みんなで非難して、悪い子と決め付けてしまうことがあります。そうなると、まじめにやっている多数の子どもたちは最初は安定しますが、徐々に、学級の雰囲気に息苦しさが生じてきて、非建設的な行動をする子が増え、学級集団が崩れていくのです。

夏休み前1週間

この時期のねらい
「学級の一員でよかった」と感じさせる

▶ 夏休み前1週間の学級の雰囲気

　1学期を振り返る時期である。子どもたちは、教師に見守られながら友達と活動的に過ごした日々を思い返している。

　よく遊んだ友達同士で、お互いのよさを認め合っている。また、「どんな力がついたのか」「どんなことができるようになったのか」を、成果物を手にとって見せ合いながら、自分で評価し、また、友達に評価してもらい、自分に対する自信を深めている。

　保護者面談もあり、時間割がふだんと違うこの時期は、午前中の授業のみで下校する日も多い。放課後の過ごし方や地域での安全な過ごし方などを意識させながら、夏休みの安全な生活につなげていきたい。

やること
一人一人のよさをフィードバックする

🚩 ゴール となる子どもの姿
よく遊んだ友達ばかりでなく，すべての友達のよさを見つけ合っている。いろいろな個性が集まって，楽しい学級になったことを全員で確認して，納得している。学級生活での困りごとや不安なことを心に残さずに，夏休みを迎えようとしている。

> 日常指導は P90上段 参照
> **「生活面での成果の掲示」**

> 学級活動は P91上段 参照
> **「夏休みの計画」**

> 授業・学習は P90下段 参照
> **「学習成果の発表会」**

> 保護者対応は P91下段 参照
> **「通信簿の生かし方」**

夏休み前1週間　「学級の一員でよかった」と感じさせる

▶ 教師力アップのコツ

(1) 1学期の成果を認める
マラソンカード，読書カード，自主学習ノートのページ数など，1学期の取り組みの成果をまとめさせ，「がんばり賞」を贈り，今後の意欲付けにする。

(2) 夏休みの予定を具体的にさせる
「宿題はどのくらいの時間をかける？」「どんな本を読みたい？」「健康のために何をする？」等，子どもたちに決めさせたいことを整理して，提示する。

(3) 夏休みの家族との過ごし方を考えさせる
「休み中，家族とやりたいことは？」「家の手伝いは何をする？」等，家庭での過ごし方を子ども自身に考えさせる。それを，家族とも共有させておく。

(4) 夏休みの家庭の予定を把握する
休み中の家族行事や遊び等の予定を把握しておく。とくに，休み中に家に一人きりになる子など，気になる子は，連絡をとって，様子をうかがったりする。

(5) 夏休み中の危険を確認する
火の事故，水の事故，交通事故，心の事故（万引きなど）の4つの事故には絶対に遭わないように，地域の危険箇所など具体例をあげながら確認しておく。

☀ 夏休み前1週間 《ねらい》「学級の一員でよかった」と感じさせる

日常指導では　授業・学習　学級活動　保護者対応

生活の成果を共有する

ここがポイント 1学期に各自ができるようになったことを，全員に共有させる。

① 1学期にできるようになったことを振り返り，「実りの木」をつくることを伝える。
② 班ごとに「1学期中にみんなでできるようになったこと」を話し合い，発表させる。
③ 全員で確認させる。「時間を守れるようになったと思います。でも，廊下を走る人がまだいるので，2学期はできるようにしたいです」など，課題を含めてもよい。
④ 全員が確認したら書記に用紙に書かせ，手分けをして台紙に貼らせる。
⑤ 互いに感想を言い合い，共有させる。

日常指導　**授業・学習では**　学級活動　保護者対応

学習の成果を共有する

ここがポイント 1学期に成長できたことを認め合わせ，2学期への意欲をもたせる。

① 1学期の最後の授業参観で「できるようになったこと発表会」をすることを伝える。
② 各自が1学期の間にできるようになったことを全体で確認させ合う。その中から発表したい内容を絞らせる。
③ 発表内容ごとにグループをつくらせる。発表時間5分を目安に内容を考え，発表させる。グループに人数等の偏りがある場合は調整もやむを得ないが，できる限り本人の希望を優先する。発表で困らないように練習時間を取り，教師が援助する。

第4章 学級づくり12か月－そのねらいと方法－

日常指導　　授業・学習　　**学級活動では**　　保護者対応

1学期の成果を夏休みに生かす

ここがポイント 1学期の成果を糧に，夏休みを意欲的に過ごせるように，計画をもたせる。

①1学期を振り返る活動（実りの木，できるようになったこと発表会）を通して確かめた成果から，1学期に身についたことを振り返らせ，夏休みの計画を立てさせる。
②教師は夏休みの計画表を用意しておく。
③振り返りに基づいてめあてを決め，めあてを達成するためには具体的にどんなことが必要かを考えさせ，計画を立てさせる。
④夏休みを，めあてに沿って計画的に過ごせるよう，具体的に何をするかなど，アドバイスや援助をする。

> 一学期は時間を守って行動できた！夏休み中もがんばろう
> プールラジオ体操…

夏休み前1週間　「学級の一員でよかった」と感じさせる

日常指導　　授業・学習　　学級活動　　**保護者対応では**

1学期の評価を理解してもらう

ここがポイント 通信簿を参考に，子どもができるようになったことを認めてほしいと伝える。

①「できるようになったこと発表会」（P.90）で，1学期の子どもの成長を見てもらう。
②1学期の具体的な学習内容と評価について，発表会後の懇談会で保護者に説明する。子どもや学級の成長を取り上げるときは，「できるようになったこと」に焦点を当てて説明していくとよい。
③通信簿で1学期の評定を見たときは，できなかったことを数えるのではなく，できるようになったことを認め，励ましてほしいことを伝える。

> 通信簿を見てできるようになったところは保護者の方々が直接ほめてあげてください
> つい悪いところに目がいくのよね…

☀ 夏休み明け1週間

この時期のねらい
落ち着いた学校生活を送らせる

▶ **夏休み明け1週間の学級の雰囲気**

　子どもたちは，久しぶりに会う友達とみんなで遊べることを楽しみにして，登校してくる。そして，夏休みののんびりしたリズムが体から抜けきらない状態のまま，フルパワーで活動する。その結果，妙に疲れている子や，調子に乗って羽目をはずした行動をする子も，ちらほら見られる。セルフコントロールの力がまだまだ備わっていないからだ。いっぽうで，夏休み中に体調を崩したり，家庭環境が大きく変わったりして，元気をなくしている子も見られる。

　教師は，子どもたちが，夏休み家庭でどんな生活を送り，夏休み明け学校にどんな願いをもってやってきたのかを，理解しようとしながら，子どもたちに2学期への意欲をもたせていきたい。

第4章 学級づくり12か月－そのねらいと方法－

やること
ルールを再確認し，生活リズムを取り戻させる

夏休み明け1週間 落ち着いた学校生活を送らせる

ゴール となる子どもの姿
教師に指示された方法で自己管理をしながら，集団生活のスタイルを取り戻そうとしている。授業時間と休み時間を切り替え，メリハリのある学校生活，静と動のけじめのある学校生活を意識して，1週間でできるようになっている。

- 日常指導は P94 参照
  「生活ルール」「あいさつ」「遊び」

- 学級活動は P98 参照
  「学級体制」「新メンバーとの結束」「係活動」

- 授業・学習は P96 参照
  「学習目標」「思い出発表会」「夏休み作品展」

- 保護者対応は P100 参照
  「保護者へのアンケート」「個別連絡」

教師力アップのコツ

(1) 子どもの夏休みの様子をつかむ
顔色やからだつきの変化，髪型や服装の乱れ，顔や手足の傷などを確認する。緊急を要するものや，ほかの学級の子が関係する問題などは，早急に対応する。

(2) 活動にメリハリをつける
子どもに作業させるときは，行動目標を単純にして，一つの活動を，短時間で行わせる。学校特有の早いリズムを，心身ともに思い出させる。

(3) 2学期の目標を意識させる
学級目標を達成するために，2学期，自分は何をするのかを考えさせる。また，1学期のがんばり賞を想起させ，2学期の個人目標を決めさせる。

(4) 提出物の処理を手際よく行う
提出物の一覧表を作成しておく。未提出の子をチェックする。集めたら，優先順位を考えて，家庭からの連絡や子どもの健康に関する物は，早急に目を通す。

(5) 発表の仕方を再確認する
夏休みの作品発表会など，全員の前で発表する前に，隣同士で聞き合わせるなど，練習時間を確保する。不安の強い子には，教師が個別にアドバイスをする。

☀ 夏休み明け1週間 《ねらい》落ち着いた学校生活を送らせる

日常指導では　授業・学習　学級活動　保護者対応

生活リズムを取り戻す

学校生活のルール全般を再確認する

ここがポイント ロールプレイをやらせてみて，ルールの意義を話し合わせる。

ルールの点検

①授業と休み時間の切り替え，廊下歩行等，夏休み明けに，特に守られなくなったことを，子どもたちに意識させる。
②ルールの再確認を，ロールプレイの形式でやってみることを説明する。

「よい行動」の検討

①ルールに沿ったよい行動とはどんなものか，全体で意見を募って，まとめる。子どもたちの意見は肯定的に受けとめ，まとめる段階で教師の考えも加えていく。
②よい行動をロールプレイのように演じさせる。はじめは一人の子，次は5，6人のグループで行い，最後は全員で行わせる。
③教師は，子どもたちが考えたよい行動に沿って，よい点を紹介する。

「ふさわしくない行動」の検討

①ふさわしくない行動をやらせてみる。「よい行動」と同様に，はじめは一人の子どもからロールプレイのように行わせる。
②ふさわしくない行動をとったときの気持ち，周りに対する悪影響について確認させる。
③最後によい行動をやらせて，まとめる。

① **ルールに沿った行動を再確認させる**

Bさんはチャイムを聞いてすぐに動き始めたところがいいですねー また，すでに授業の準備をすませて姿勢よく座っていたAさんはもっといいです

② **自分たちで守れることを確認させる**

チャイムより友達との話が大事だと思いました
ルールを守れなかった理由を聞いてみましょう
みんな知ってるよ！
チャイムの方が大事でしょ

あいさつの習慣を取り戻す

ここがポイント あいさつの標語をつくらせて,一斉に取り組ませて習慣づける。

あいさつ標語づくり

①あいさつが疎かになっている場面を捉え,あいさつの標語をつくることを話し,短時間で全員に考えさせる。
②決まった標語を全員で音読させる。「みんなで決めたあいさつの標語です。声をそろえて読みましょう。これが学級のあいさつの合言葉ですね」。
③標語は教室に掲示し,朝の会などで音読させる。ときどき,標語と照らし合わせてあいさつを評価し,意欲の継続を図る。
④標語のようにあいさつができるようになったら,レベルアップした標語を考えさせ,取り組ませる。

「おはよう」は秋空のように気持ちよく

ひさびさにみんなと声を合わせるといい気持ち!

夏休み明け1週間 落ち着いた学校生活を送らせる

みんなで仲よく遊ぶ

ここがポイント 教師が中心となって,うまく遊べない子を巻き込み,学級全員で遊ばせる。

全員遊び

①日時を指定し,学級全員で遊ぶことを教師から提案する。
②どんな遊びなら学級全員でできそうか考えさせる。1学期に人気のあった遊びがよい。アイデアが出ないときは,教師が提案する。
③教師が中心になって,場所や時間の配慮,グループ分けなどをする。夏休み前の遊びの活動で,みんなとうまく遊べていなかった子が,孤立しないよう配慮する。
④子どもたちに感想を聞く。「みんなと遊ぶと楽しい」という感情を捉え,教師も楽しかったと感じたことを話す。

ふだん遊ばない人と遊ぶのはどう?

みんなで遊ぶのはやっぱり楽しいなあ!

楽しい!

☀ 夏休み明け1週間 《ねらい》落ち着いた学校生活を送らせる

日常指導　**授業・学習では**　学級活動　保護者対応

2学期への意欲をもつ

2学期の学習目標をもつ

ここがポイント 友達の意見も参考にさせて，自分に最適の目標をもたせる。

「パワーアップ作戦」の提起

①「2学期に，自分が成長したいこと（パワーアップ）」の中身と，「達成するための作戦（パワーアップ作戦）」を，学級全員で一緒に考えることを伝える。

みんなで目標を出し合う

①1学期の学習についての反省を思い出させる。1学期末に自分で書いた資料があれば，それを参考にさせる。自分をきちんと振り返ることがむずかしい子や，具体的な反省ができない子には，あらかじめ教師がコメントを添えておく。
②子どもたちに，自分の学習目標を，みんなの前で出し合わせる。教師は，目標が，継続することで力がつくものか，具体的な表現になっているか，に注意して見守る。また，「各教科に関するもの」と「学習態度に関するもの」と，内容を分けて考えさせる。
③意見として出された目標を板書する。

作戦を決める

①全体での話し合いと，1学期の反省をもとに，自分の「パワーアップ作戦」を決めさせ，記録用紙に記入させる。全体の話し合いで出た意見のなかから，共感できるものを選んでもよいことを話す。

① **1学期の学習活動を振り返る**

（こんな反省を書いてたんだ…／1学期の反省　発表が少なかった）

② **パワーアップ作戦を共有させる**

（二学期のパワーアップ作戦　発表を増やす／私は「授業中に発表する回数を増やす」にします／それいただき！）

発表の仕方を再確認する

ここがポイント 夏休みの発表会を通して，授業中の話し方と聞き方をおさらいさせる。

夏休み思い出発表会

① 手順を確認する。「『出来事』『エピソードを1～2つ』『感想』の順で話してね」。
② 友達の発表を聞くときの態度を確認する。
③ 話すときのコツを提示する。「はっきりとした声でゆっくり話すと，聞きやすいのでしたね」
④ 全員が練習できる時間をとる。
⑤ 発表会をして，教師が発表にコメントする。話を最後までだまって聞けていたことをほめて，全体で確認する。そして，よい聞き方をしている子（うなずいた，表情を変えた等）をとりあげ，紹介する。

・・・・・・・・・・・・・・・・・

友達と認め合うよさを再確認する

ここがポイント 一人一人の夏休みの成果を，学級の仲間同士で認め合う。

夏休み作品展

① 「夏休み作品展」の開催を提起する。みんなの作品を偏りなく鑑賞し，感想をもつ機会であることを伝えておく。
② 作品を机の上に展示し，作品のわきに台紙（評価シート）と，鑑賞カード（1作品に6枚ぐらい）を置く。鑑賞カードの枚数を決めておくのは，作品によって評価の偏りが出ないようにするためである。
③ 鑑賞会を行う。はじめに隣の人，次に同じ班の人，その後ほかの班の人の作品を鑑賞させる。鑑賞カードに作品のよい点を書いたら，それぞれの評価シートに貼らせる。
④ 評価シートを読む時間をつくる。

> 夏休み明け1週間　落ち着いた学校生活を送らせる

★ 夏休み明け1週間 《ねらい》落ち着いた学校生活を送らせる

日常指導　　授業・学習　　**学級活動**では　　保護者対応

新しいメンバーと活動できる

2学期のスタートを意識させる

ここがポイント 自分たちで学級体制を見直させて，2学期の展望をもたせる。

学級体制の見直し

①1学期の班や係をもとに，学級体制の見直しについて話し合うことを提案する。進行は教師，できるだけ短時間で行う。
「クラスをもっとよくするために，班の数や係の担当などが1学期と同じでよいか考えていきましょう」と伝える。

②1学期にうまくいかなかったところを話し合わせる。理由も言わせて，子ども自身に，どんな係や当番が必要なのか，どんなルールが必要なのかを実感させる。ここでは，子ども自身に見直しをさせることに意義があり，あえて1学期と体制を変えさせる必要はない。

③1学期の係活動を確認し，2学期も必要な仕事かどうか，また，学級をもっと楽しくするために，2学期はどんな係があるとよいかを考えさせる。

必要な係活動を考える

①係活動の追加や，仕事内容を変更することになったら，学級委員に進行させ，新しく必要な係について学級全員で考えさせる。
「このクラスで必要な係について意見を出して下さい」。

① **1学期の学級体制を見直させる**

（教師）「班の数や係活動は一学期と同じでいいかな？」
（子ども）「一学期はカメの世話係がいなかったなぁ…」

② **生活の改善を図らせる**

←学級委員→
「生き物係が必要だという意見が出ました」

新しいメンバーと協力しようとする前向きな意欲をもつ

ここがポイント 新しい生活班のメンバーに慣れ、一緒にがんばろうという意欲をもたせる。

新メンバーとのリレーション

①新しいメンバーと慣れるための「ひとこと自己紹介」をさせる。「ぼく(私)は、橋本真です。好きなスポーツは、野球です」
②簡単なゲームをさせる。

> 1. メンバーで手を重ねていく
> 2. 一番下に重ねている人が、すっと抜いて、上の人の手をはたく
> 3. はたかれた人が負け。オニとなり、一番下に手を置く

③どんな班にしたいか話し合せる。
④班の名前、班のめあてを決めさせる。めては、「～しない」ではなく、「～しよう」という呼びかけにさせる。

（このメンバーは一緒にがんばっていけそうだなあ）

夏休み明け1週間　落ち着いた学校生活を送らせる

・・・・・・・・・・・・・・・・・・

グループ内で仕事内容を考える

ここがポイント 新しいメンバーだからこそできる新しい仕事がないか考えさせる。

2学期の係活動

①1学期の係の子から、仕事内容の引き継ぎをさせる。仕事をするうえでのアドバイスについても話をさせるとよい。
②引き継いだ仕事のほかに、さらにできる仕事がないかを、2学期のメンバーで考えさせる。
③メンバー間で仕事量が平等になるように、係内で仕事の役割分担を考えさせる。
④係グループごとに、仕事内容や役割分担を記入した表を作成し、教室に掲示する。

（ぼくたちにしかできないこともやりたいね）

☀ 夏休み明け1週間 《ねらい》落ち着いた学校生活を送らせる

日常指導　　授業・学習　　学級活動　　**保護者対応**では

夏休みの生活の様子を教えてもらう

学校に意識を向けてもらう

ここがポイント　夏休み中の，子どもたちの様子や，保護者の対応を，学年通信で紹介する。

夏休みの生活アンケート

①保護者には，夏休みに入る前に，夏休み明けに生活アンケートを書いてほしいことを，伝えておく。
②夏休み中の子どもたちの様子について，「学習面」「生活面」と分けて，保護者に感想を書いてもらう。
③保護者に，感想の一部を，無記名で，学年通信に掲載することを了解してもらう。
④学年通信で紹介する。全体的な子どもたちの様子や保護者の感想，個別の親子の事例を載せる。保護者の感想には，必ず教師のコメントを入れる。

（吹き出し：うちの子の夏休みは…）

【学年通信の例】

特集：夏休みの子どもたちの様子から

（◆保護者のみなさまの感想より）
　なかなかすすまない宿題に，正直言ってかなりイライラしました。でも，あまり口うるさく言っても逆効果だと思い，しばらく様子を見ることにしました。そのうち少しずつやる姿が見えてきたので，「いい調子だね！」と励ますようにしました。調子にのりやすいわが息子は，それからペースをあげて宿題をやるように……

（★学級担任より）
　お母さんのさりげなくほめる作戦が成功したようですね。予定通りの宿題をすませると気分がすっきりすることを，毎日，親子で共有するといいですね。「今日も一日がんばった。いい気分〜！」。

子どもの変化について，学校と連携してもらう

ここがポイント 夏休み明けの様子が気になる子の家庭とは，個別に連絡をとる。

子どもの変化を見る

①子どもの表情を確認する。休み明けの1週間は，特に子どもの様子を注意深く観察する。元気がなかったり，言葉づかいや態度・表情が1学期と極端に変わった子がいないかを確認しておく。

②提出物等から確認する。夏休みの変化は，提出物等にも顕著に表れる。提出物をまったく出さない，途中からやっていない，むらがあってやってあるところとやっていないところの差が激しいなど，1学期の様子から類推して，顕著な変化がないかを見ていく。

③個別に様子を見る。特に気になる子については，「休み中はどこかに行ったの？」など，夏休みの過ごし方を簡単に聞きながら，様子を見ていく。プレッシャーを与えないよう，ごく気軽な感じで聞いていくとよい。

家庭への個別連絡

①特に様子が気になった子については，家庭と連携して対応する。まずは電話等で，「元気がないように見えたので，体調を崩しているのかと心配しています」など，子どもの様子と，そこから感じていることを率直に伝える。

②特に，休み明け初日に欠席した子については，保護者に連絡するとともに，子ども本人とも電話等で会話できるとよい。その際は，「明日，教室に来たら，黒板に楽しいことが書いてあるから，楽しみにしていてね」など，プレッシャーや不安を与えないように配慮する。

① 子どもの変化を読み取る

a. 表情・様子の観察

元気がない　態度や言葉づかいが極端に変わった（ばっかじゃねぇの？）

b. 提出物の確認

途中から真っ白だわ…

c. 個別のアプローチ

様子が変わったな…　○○くんはどこか行った？

② 気になった子の家庭に連絡する

保護者へ：元気がないように見えたので，体調を心配しています

欠席した子どもへ：明日はお楽しみが書いてあるから楽しみにしててね

夏休み明け1週間　落ち着いた学校生活を送らせる

9月〜10月

この時期のねらい
一丸となって行動させる

▶ 9月〜10月の学級の雰囲気

　気候も過ごしやすい時期になった。子どもたちは，生活のリズムをおおかた取り戻し，運動会や学習発表会などの行事を前にして，自分が活躍すること，友達と一緒に活動することを楽しみにしている。

　行事の役割分担のとき，学級内の力関係によっては，役割が一部の子に偏る場合が見られる。また，活動の振り返りの場面で，目につきやすい成果でお互いを評価し合っていると，やがて，学級内に，「できる子」「できない子」のヒエラルキーを前提にした人間関係が見られるようになる。

　教師は，さまざまな場面で多くの子が活躍できるようにして，すべての子が，それぞれのよさを生かし合い，一体感を感じながら，活動できるようにしたい。

やること
活動のプロセスで，友達とのかかわりを促す

ゴールとなる子どもの姿
行事では，計画から振り返りまで，自分や友達のよさを伝え合いながら活動して，自己発見や友達理解を深めている。うまくいったことは，その要因を探っている。学級の一人一人の働きが，行事の成功につながることを実感している。

> 日常指導は P104 参照
> 「整列」「班長会議」「ルールの点検」

> 学級活動は P108 参照
> 「運動会の目標」「努力の認め合い」「達成感の共有」

> 授業・学習は P106 参照
> 「意見の交換」「話し合いの態度」「特技の認め合い」

> 保護者対応は P110 参照
> 「達成感の共有」「ゲストティーチャー」「家庭学習への協力」

9月〜10月　一丸となって行動させる

▶ 教師力アップのコツ

(1) 班長会議を活用する
　活動の前に，さっと集めて，簡単に打ち合わせて，すぐ解散する。繰り返して，リーダーの役割を意識させる。「次は運動会の練習だ。すばやく移動させてね」。

(2) 有効な手だては，みんなで共有させる
　めあてについて振り返る時間を毎日設定し，有効な手だては，その場で，みんなで共有させる。「個人の手だて」と「グループの手だて」を確認させる。

(3) 自分のグループ内のよかった人・行動を，みんなに紹介させる
　グループ活動のときに，グループ内での振り返りをさせたあと，「○班は，だれのどんな行動がよかったか」を，各グループから全体に紹介させる。

(4) 真面目にがんばっている人・行動を，取り上げて紹介する
　ふだんはふざけ気味の子も，真面目にがんばった行動を具体的に取り上げ，ほめて強化する。「ひたむきに活動することが尊い」という共通認識を広める。

(5) 「どの役割も必要」と実感させる
　一人一人が担っている仕事が，いまの生活にどんなふうに役立っているかを，朝の会などで日常的に伝える。特に，小さな目立たない仕事を取り上げる。

🍁 9月〜10月 《ねらい》一丸となって行動させる

日常指導では　授業・学習　学級活動　保護者対応

目標に向かって活動する

状況や場面に応じた整列ができる

ここがポイント 何のために並ぶのかを意識させて，子ども同士で自発的に並ばせる。

並び方の確認

①状況に応じた並び方を確認させる。

> 【保健の並び】出席番号順
> 【集会の並び】背の順2列
> 【体育の並び】背の順4列

②実際に並んで，自分の位置を確かめさせる。
③並び方のハンドサインを決め，言語の指示によらなくても並べるように練習させる。

子どもだけで練習

①先頭の子にハンドサインを覚えさせ，教師が見守るなか，その指示で並べるように練習させる。最後尾の子が自分の列を見てOKを出したらハンドサインをやめ，整列完了とする。
②子ども同士が並べていない子に注意する場合は，言語によらない注意の仕方を教える。

定着

①子ども間で，並ぶ競争をさせる。早く並べる列とそうでない列が出るので，早く並べる列にそのポイントを聞き，紹介させる。
②ふだんの活動において，教師はできている子をほめることで，常にポイントを確認させる。また，自分から指示を出している子を認める。

① 場面に合った並び方を確認させる

「前は山田さんで後は会田さん」
「自分の位置を覚えておこう」

② ハンドサインで定着させていく

15	1
16	2
17	3

→ 定着 →

| 16 | 2 |
| 17 | 3 |

「ぼくたちだけでも並べるぞ！」

班長の指示に従って行動する

ここがポイント 教師からの指示は，班長会議を通して，班長から班員に伝達させる。

運動会練習の連絡

①朝の会で練習内容を知らせる。「今日は応援とリレーの練習があります」。
②班長会議で詳細を伝達する。
③班長は伝達事項を確かめ，班員に伝える。

> 【応援】で，「ペットボトル，半袖，短パン，紅白帽」が必要です
> 【リレー】で，「はちまき，半袖，短パン」が必要です

④教師は，帰りの会などで，班長の指示に従って行動できたことを認める。また，班長に対しても，見通しをもって行動できたことを取り上げ，ほめる。

9月～10月 一丸となって行動させる

ルールを守ることの大切さを意識する

ここがポイント 守られていないルールに対し，学級全員で対策を考え，取り組ませる。

学級ルールの見直しと行動修正

①学級のルールについて話し合わせる。特に，守られていないルールについて，その原因を明らかにし，それによる危険や影響について話し合わせる。
②努力すれば全員が達成できる目標を設定する。また，達成するために，個人の努力だけでなく，「班や学級内で声をかけ合う」など具体的な協力の仕方を教える。
③目標に沿って取り組ませる。1～2週間程度の短期間とする。達成感をもたせるよう，教師も最大限の援助をする。
④取り組みの反省をする。よかった点を具体的に確かめ，認め合わせる。

9月〜10月 《ねらい》一丸となって行動させる

日常指導　**授業・学習では**　学級活動　保護者対応

友達の意見を尊重する

話し合いで，友達と意見を交換する

ここがポイント 話し合いを通して，友達と意見交換する話し方を定着させる。

一つ一つの意見が大切

①班がえの機会を捉え，班がえの方法を話し合うことを提起する。同時に，「自分の意見をもち，友達の意見も理解しようと努める」ための，話し合いのルールを提示する。

- ・冒頭に話し合う内容を確かめる
- ・順番に意見を言う
- ・みんなの意見を聞いて，まとめる

②子どもに提案をしてもらう。
③「賛成」か「反対」か，その理由を考える時間を設け，自分の意見をもたせる。
④各自自分の意見をもてたかどうか確認し，順に全員の意見を言わせる。友達の意見を聞いて，自分の意見を変えることも認める。

- ＜友達の意見への反応の仕方＞
- ・「○○さんと同じで（似ていて……）」
- ・「○○さんと違って……」

また，聞く態度の「最後まで話を聞く」「言っていることがわかるときはうなずく」「わからないときは，最後まで聞いてから質問する」を守らせる。

⑤グループ間で意見を交わし，結論を考えさせる。
⑥最後に，今回は，結論を一つに導く収束型の話し合いをしたが，話し合いのテーマによっては，結論を一つにまとめず，出された意見を分類・整理して，それぞれによさがあることを認め合う拡散型の話し合いがあることも知らせておく。

① グループ内で意見をまとめさせる

「班がえの方法を話し合います」
「班長会方式がいいと思います」

② グループ間で意見を交換させる

班長会方式
・いい班ができる

お見合い方式
・たのしい

くじ
・同じ人と一緒になるかもしれない

「私たちは班長会方式がよいと思います」
「うちの班は違ってくじがよいという意見です」

友達のよいところを見つけ，伝える

ここがポイント 子ども同士での評価活動を通して，話し方や態度を認める観点を定着させる。

話し合いのときの，話し方や態度

①話し合いに入る前に，以下の観点を示す。

- ・考えを伝えようとしていたか
- ・話す人を見ていたか
- ・最後まで話を聞いていたか
- ・うなずきやあいづちをしていたか
- ・質問や感想を言っていたか
- ・決まったことに賛成していたか

②話し合い活動後，振り返りの時間を設け，相互評価をさせる。「『話し合いのときの評価の観点』に沿って，友達のよかったところを，お互いに言ってあげましょう」。

> 3人とも注目してうなずいて聞いてくれたので，話しやすかったです

9月〜10月　一丸となって行動させる

友達のアイデアや技能を認め合う

ここがポイント 子ども同士での評価活動を通して，互いの特技を認める観点を定着させる。

友達の特技

①実技の授業で，友達の実技やアイデアを評価し合うときの観点を示す。

- 【音楽（グループ練習や発表）】
  - ・メロディーやリズムの正確さ
  - ・表現の工夫
- 【図工（作品の鑑賞）】
  - ・アイデア
  - ・テーマの表現の工夫
- 【体育（グループ練習や発表）】
  - ・技能
  - ・態度

②子ども同士で観点に沿って評価させる。「友達に，よかったところやアドバイスを言ってあげましょう」。

> やさしい感じに聞こえたね
> メロディが正確だったね

9月～10月 《ねらい》一丸となって行動させる

日常指導　授業・学習　**学級活動では**　保護者対応

友達のよさを見つける

目標に沿って活動する友達を,「すごい」と感じる

ここがポイント 活動目標に沿って活動できているかを,子ども同士で頻繁に振り返らせる。

運動会の目標設定

①運動会の目標を決める機会を捉え,勝敗や順位ではなく,努力すれば達成できる目標を考えさせる。「どんな運動会にしたいですか？」。

②子どもたちで話し合い,合意して目標を決めさせる。

③目標達成に向けた行動目標を決める。「時間に遅れない」「仲間を応援する」「忘れ物をしない」など,とるべき行動を具体的に表現させる。

活動の振り返り

①運動会の練習があった日は,毎日,振り返りを行う。行動目標に即してできたことを中心に反省させる。初めは,教師が振り返り方のモデルを示す。「今日はチャイムと同時に練習が始められましたね」。

振り返り方の定着

①振り返りを重ねるうちに,子どもたち自ら反省が出るような尋ね方に切り替えていく。「今日の練習でよかったことは何ですか？」「だれの,どんなところがよかったですか？」「明日は団体競技の練習です。どんなところをがんばりたいですか？」。

① 運動会の目標を話し合わせる

こんな運動会にしよう
・がんばる
・楽しい
・あきらめない

具体的にどうすればできるかな？

応援してもらうとうれしくならない？

つらくなったらどうする？

② 目標に沿ってよさを認め合わせる

運動会まであと	14	13	12	11	10	9	8	7
	※	※	※	※	※	※		
時間におくれない	△	△	○	◎				
仲間を応えんする	△	○	◎					
わすれ物をしない	○	○	○					

今日は一人も遅れず集合できたね

かずお君が声をかけてくれました

運動会で，勝負に関係なく，友達の努力を認める

ここがポイント　「成果は喜び，努力は認め合う」という価値観を定着させていく。

「成果は喜び，努力は認め合う」

①学級で，運動会のオリエンテーションを開き，目標を再確認させる。
②これまでの練習を振り返らせ，成果を喜び，努力は認め合ってきたことを確認させる。
③方向づける。「これからも，自分や友達のがんばりをたくさん見つけましょう」。
④「成果は喜び，努力は認め合う」という価値観を示し，本番に向けて意欲づけをする。「勝ったときは全身で喜びを表し，負けてもお互いのがんばりを認め合おう」。
⑤毎日の練習で，努力している友達のよさに気づけるように，教師がモデルを示す。

> これまでの練習のなかで友達のがんばりが見えてきたね。お互いのよさを積極的に伝えて団結を深めよう！

〔9月～10月　一丸となって行動させる〕

運動会後の達成感を共有する

ここがポイント　「目標を大切にできたこと」「活動のなかで見つけた一人一人のよさ」を捉えさせる。

運動会後の認め合い

①運動会前に，行動レベルの目標を決めておき，運動会後に，決めた目標に沿って活動できたことを認め合わせる。「時間に遅れないで集合できましたか？」「仲間の応援ができましたか？」など。
②活動のなかで見つけた互いのよさを認め合わせる。「運動会でよかったのはどんなところですか？」「だれの，どんなところがよかったですか？」。
③がんばりを拍手で認め合う。「1つ目は○○さんのがんばり（学級のだれかを各自思い浮かべる）」「2つ目はみんなのがんばり」「3つ目は自分のがんばり」。

> 目標
> ・時間におくれない
> ・仲間をおうえんする
> ・忘れ物をしない

> リレーのとき応援が聞こえてがんばれました

🍁 **9月～10月**《ねらい》一丸となって行動させる

日常指導　　授業・学習　　学級活動　　**保護者対応**では

学習活動に参加してもらう

「学校行事へ参加した」という実感をもってもらう

ここがポイント できる限りの協力をいただいたうえで，事後の感想を，保護者間で共有してもらう。

達成感の共有

① 運動会の前に，運動会で保護者が体験した競技や見聞きしたものでおもしろそうなものがないか，面談や学級懇談会等で話題にして，情報を集めておく。
② ともに子どもを育てる立場として，保護者に協力をお願いする。
③ 行事のあとには，アンケート等で，保護者に感想を聞く。よかったことは子どもたちにも知らせて励みにし，反省点は今後に生かすようにする。学校全体にかかわることがあれば，教職員で共通理解する。反省すべき点などの指摘があれば，謙虚に受けとめる。

【感想依頼状の例】

　今年度の運動会に関しまして，ご感想をお願いします。競技，運営，子どもの姿，そのほか何でも結構です。10/14（月）までに，学校に持たせて頂きますよう，お願いします。なお，頂いた感想は無記名で学級通信に掲載したいと考えています。

キリトリ

児童氏名（　　　　　　　）

学習のゲストティーチャーとして協力してもらう

ここがポイント　「子どもたちに資すると考える理由」を明確にして，協力をお願いする。

学習活動への協力

①ゲストティーチャーをお願いすると，学習内容がより深まりそうな単元を調べておく。

- ・3年生社会「スーパーマーケットではたらく人々」「古い道具と昔のくらし」など

②協力依頼したい学習活動と理由を説明する。

- ＜協力依頼状に，必ず明記すること＞
- ・日程（余裕をもった予定）
- ・どうして協力をお願いしたいか，子どもたちに資すると考える理由（具体的に）
- ・実際に行う内容（具体的に）

③当日はていねいに出迎え，後日，子どもたちの感想と謝意を伝える。

〇月〇日　13時〜14時
社会科「スーパーマーケットではたらく人々」
実際にスーパーの中ではどのような仕事が行われているのか
体験をもとに，子どもたちにお話していただき…

子どもたちのためになるなら…！

9月〜10月　一丸となって行動させる

家庭学習の習慣化に協力してもらう

ここがポイント　「家庭で何をしてほしいのか」を明確にして，協力をお願いする。

学習活動への協力

①協力をお願いしたい家庭学習があることを，学級通信等で知らせる。

②お願いしたい内容を，具体的に伝える。

- ・「学習習慣がつきますよう，毎日30分，決まった時間に学習に取り組むよう，声をかけてあげてください」
- ・「どんなことを学習しているのか，取り組んだ課題に目を通していただけるとありがたいです」
- ・「子どもたちに，理解できていないところがありましたら教えていただければ今後の指導に生かしたいと思います」

③協力結果を，フィードバックする。

① 理由を伝える　② やる内容を明確に伝える

学習が複雑になるから必要なのね…

毎日30分，座ってプリントをやるように見てほしいのね…

Check! 2回目のQ-Uの実施
~10，11月に見るべきポイントと，学級づくりの見直し方~

1．見直しが必要なよく見られる状況

　10，11月の頃には，学級集団に，自分らしさや個性をみんなから認められていると思える状態（第3レベル，P.8参照）を達成させ，そして中学年なりに，他者からの承認の有無にかかわらず，自分の理想を追求したい，と多くの子どもたちが思える状態（第4レベル）にもっていけるようにするのが教師の理想です。しかし，子どもたちの実態によっては，目標どおりにいかないことも少なくありません。

　見直しが必要な代表的な状態は，「ゆるみの見られる学級集団」，「かたさの見られる学級集団」と「荒れ始めた学級集団」の中間レベルの状態です。Q-Uの結果から学級集団の状態を把握し，状態に合った対応を，2学期の間，継続していきましょう。

　立て直しのポイントは，このような状態がある程度習慣化してしまっているのをどう修正していくかです。この時期になると，教師の対応は，集団形成に足りない要素を，単に加えていくだけでは不十分です。非建設的な行動が定着しているのを打破したうえで，建設的な行動を定着させていかなければなりません。焦らずに，場合によっては，第1レベルの達成を目標にしてじっくり取り組むことも必要です。

　なお，「荒れ始めの学級集団」の状態になってしまったら，より計画的な対応が必要です。『Q-Uによる学級経営スーパーバイズ・ガイド』『グループ体験による　タイプ別！　学級育成プログラム』（図書文化）を参照してください。

2．「ゆるみの見られる学級集団」への対応

　この学級の状態は，授業では相変わらず私語が多く，生活では係活動や掃除などが雑になっています。友達関係では，小グループがいくつかでき，全体で活動するのに時間がかかったり，特定の影響力のある子どもやグループが，自己中心的な行動をして，周りを振り回していたり……ということが表出しています。

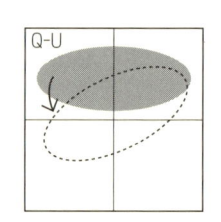

ななめになり始めた
よこ型のプロット

　最大の原因は，学級のルールが定着せず，授業・活動などの共通の行動スタイルも習慣化されていないまま，上記の形が続いてしまったことです。

対応の骨子は二つです。

①悪い行動は個別に指導する……生活・活動で非建設的な行動をしてしまった子とは，時間をとって個別に話します。子どもの心情面に沿いながら，現在の気持ちをじっくり語らせます。そして，これからどういう行動をしていけばいいかを，教師が一緒に考える形でその子自身に考えさせて，新たな行動をとることを約束させます。約束は，「今週は○○をしっかりやる」等，期間とターゲットを絞らせます。

②よい行動は全体で確認する……学級内に，ルールに沿ったまとまった行動ができる流れを，少しずつ形成していきます。一部の非建設的な行動に周りを同調させないこと，「やるべきことをしっかりやる」という意識を多数派にすること，をめざし，授業や学級活動を，次のようにシフトしていきます。

　まずは，一つの活動を，簡単な目標・ルールのもとで短めに展開することです。次に，個人活動や個人作業の比重を多くし，教師が机間指導をこまめにすることです。そして，子ども同士でお互いの活動をしっかり認め合わせる場を設定し，最後に，教師は，子どもたちの建設的な行動を，ほめて強化します。全体の活動で徐々によくなっている点を，できるだけ具体的にほめます。

3．「かたさの見られる学級集団」への対応

この学級の状態は，子どもたちは，静かで，授業に集中できていなかったり，自ら発表する子が一部に限定されてしまっていたりして，全体に重苦しい雰囲気があります。また，承認感の低い子どもたちのなかに，不適応傾向が見られたり，ルールを逸脱し，教師に反発する子が見られることもあります。

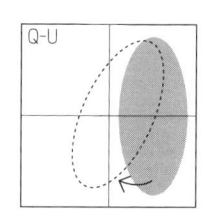

ななめになり始めた
たて型のプロット

その要因として，学級内の子ども同士のかかわりが少ないこと，子ども同士で防衛的な行動をとることが定着していること，教師の強い指導に子どもたちが萎縮していること，が考えられます。

対応のポイントは，一部の非建設的な行動をしている子への個別対応と，意欲の低下してしまった周りの子どもたち多数の意欲を喚起することです。

一部の非建設的な行動をしている子には，個別に，思いをじっくり聞き，これからの行動を一緒に考えていくというスタンスでの指導が必要です。

意欲の低下している周りの子どもたちには，友達同士で楽しくかかわり合うグループ学習・活動に取り組ませます。授業や活動を単調に感じさせない工夫が大切です。

11月～12月

この時期のねらい
人間関係の範囲を拡大させる

▶ 11月～12月の学級の雰囲気

　大きな行事が一段落した。子どもたちは落ち着いて学習に取り組んでおり，学級外の活動にも目を向けられるようになっている。クラブ活動や委員会，遊び時間などが充実してきて，他学年とのかかわりの機会も多くなっている。まもなく，子どもたちは，ときと場合，相手によって，接し方を変えつつ，そのなかで，いつでも自分を素直に表現していくことを，要求されるようになる。

　中学年は，上級生と下級生にはさまれ，縦の人間関係を学ぶ絶好の機会を与えられている。生活や活動場面での行為行動を通して，「上級生を敬う態度」「下級生へのやさしい接し方」「同級生との協力的な接し方」など，柔軟に学ばせていきたい。

やること
人間関係の方法を学ばせる

ゴールとなる子どもの姿

人間関係の基本は，やさしい気持ちをもって，相手のことを尊重して接することだと意識している。よりよい関係づくりをめざし，上級生や下級生，同級生や親しい仲間に対して，それぞれ適した言葉遣いや接し方に注意している。

> **日常指導は P116 参照**
> 「他人の快と不快」「学習発表会」
> 「縦割り活動」

> **学級活動は P120 参照**
> 「パート練習」「客観的な評価」
> 「改善のための評価」

> **授業・学習は P118 参照**
> 「グループ学習の発表」
> 「お互いの意見の尊重」「上手な学習感想」

> **保護者対応は P122 参照**
> 「授業参観」「親子レク」「保護者面談」

11月〜12月　人間関係の範囲を拡大させる

▶ 教師力アップのコツ

(1) 活動の区切りの場面で，班長やリーダーを捉えさせる
活動の始まりや終わりの場面で，教師がまとめるのではなく，班長やリーダーにまとめさせる。活動でがんばること，活動の総括的な評価などをさせる。

(2) 活動の前に，フォロワーの行動モデルを示す
グループ活動の前に，リーダーに協力的な行動モデルを示す。「話をうなずいて聞く」「けちをつけない」等について，悪い例と対比させて，さっと示す。

(3) 活動の前に，「楽しく参加しようね」と確認する
遠足やグループ活動の前には，これからの活動を楽しいものにするためには，みんなで楽しく盛り上げようとする気持ちや行動が大切であることを話す。

(4) 子どもの積極性を保障する
役割分担の前に，役割の目的や仕事内容など，これから選出する役割のイメージをもたせる。そして，やる気があれば大丈夫であることを伝える。

(5) 不快感・不安感を与えない接し方を確認させる
縦割り活動の前など，相手が「下級生のとき」「上級生のとき」と条件を変えながらロールプレイを行わせ，言葉遣いや表情のよりよい方法を考えさせる。

11月〜12月 《ねらい》人間関係の範囲を拡大させる

日常指導では　授業・学習　　学級活動　　保護者対応

友達と協力して，解決しようとする

「されていやなこと」「されてうれしいこと」に気づく

ここがポイント いままで上級生や友達から受けた行動と，そのときの気持ちを分析させる。

「自分がいやだったこと」

① 「掃除や休み時間等，上級生との関係で，自分がされていやな行動」を出し合うことを伝える。
② 「命令口調」「校庭や遊具のひとりじめ」「決まった子にばかり話しかける」など，不快感を覚える行動を紙に書かせる。
③ 友達と経験を話し合わせる。

「自分がうれしかったこと」

① 「自分が上級生からされてうれしかった行動」を出し合うことを伝える。
② 「鬼ごっこで鬼を引き受けてくれる」「転んだとき優しく声をかけてくれた」「掃除で力仕事をすばやく行っている」など，うれしいことやあこがれる行動を書かせる。
③ 友達と意見を交換させる。

まとめ

① 友達や下級生に対して，「自分がされてうれしかったこと」をしてあげると，よい関係を築くことができることを確認させる。
② 職員室で，ほかの教師に聞いた，学級のよい情報を子どもたちに紹介し，一緒に喜ぶ。「○○さんがとてもていねいに黒板の粉をふきとっていた」「○○さんは低学年に雑巾の絞り方を教えていた」など。

① 縦割清掃の感想を話合わせる

上級生にしてもらってうれしかったことやされていやだったことを教えてください

② 上級生の姿をモデルにさせる

（うれしいことに対して）
すてきな上級生だね
そんな先輩になれるようにがんばってみよう

（不満に対して）
それはつらいですね
そんなときは「○○しませんか？」と提案してみたらどうかな

「自分の役割」「友達の役割」の重要さに気づく

ここがポイント 各自の役割の成果を，子ども同士で頻繁に認め合わせる。

「一人一人が必要」

①学習発表会に向け，学年のめあてを確認し，個人のめあてを考えさせる。
②個人のめあてについて，朝の会などで確認して，意識を高めていく。
③練習後には，めあてが守れたか，帰りの会で振り返らせる。学年の上達を意識できるよう，全体の仕上がりの感想も振り返らせる。
④全体の前で「個人ががんばることで，学年全体が向上していること」をほめる。「その子のどんな姿が，学年にどのように貢献しているか」を具体的に称揚する。

●練習後の振り返りの場面

縦割り活動のとき，下級生を盛り上げる

ここがポイント 「高学年に協力的に動く」「下級生のモデルになる」という意識を高めていく。

縦割り活動の心得

①「高学年の指示は素直に聞く」を原則として確認させる。言いなりになるのではなく，「返事を大きくする」「わからないときは質問する」「提案されたことはやってみる」など，しっかり反応することを約束させる。
②「中学年は低学年のモデルとなる」を原則として確認させる。そのうえで，「中学年は『思い切り楽しんで取り組むことで，どんどん楽しくなる』ということを，低学年に行動で証明する役割がある」ことを伝える。

11月～12月 人間関係の範囲を拡大させる

🍁 11月〜12月 《ねらい》人間関係の範囲を拡大させる

日常指導　**授業・学習では**　学級活動　保護者対応

グループで力を合わせる

協力して活動することのよさに気づく

ここがポイント グループ学習の発表会を通して，協力することのよさに気づかせる。

壁新聞作り

①グループでの体験学習後に，グループで新聞を作ることを伝える。
②がんばったこと，わかったことをグループで出し合い，記事を決めさせる。話し合いの流れは事前に示しておく。

> 1 司会が，全員を順番に指名し，全員が意見を発表する
> 2 司会がリードして，記事の内容をまとめていく

③記事の内容と，紙面の割り付けを決めさせる。
④記事を分担して書かせる。

> 1 記事は4つにして，「本文」「イラスト」「見出し」などの分担を決めさせる
> 2 文字数は原稿用紙○枚分で示す
> 3 早く終わった子どもには，イラストや花罫線，題字の工夫などをさせる

発表会

①グループごとに，新聞を掲示させて，体験学習で学んだことを発表させる。
②各グループの発表の最後に，「新聞を書いてよかったこと」を発表させ，友達のよさや自分のがんばりを認め合わせる。
③教師から，活動中や発表会の際の各グループのよい点を紹介し，協力的な姿をほめる。

① 発表会用の新聞を準備させる

題名／トップ記事①／記事②／記事③／記事④

「自分たちが一番がんばったことを記事にしよう！」

「トップ記事は原稿用紙2枚　ほかの記事は1〜1.5枚が目安だって」

② グループ発表をみんなでほめる

「協力して仲よくがんばれたことが伝わってくる記事でしたね」

「自慢の仲間だよ！」

「すごいね」「よかったよ」

自分の意見も友達の意見も，尊重した発言をする

ここがポイント 友達の意見と比べて，自分の意見を言えるように練習させる。

友達の意見を尊重する発言の仕方

①授業のなかで意見を言う時間をつくる。
②相手の意見を尊重する発言の型を教える。特に，「同じ意見でも，自分の言葉で言い直す」「一致しない点があるとき，どのように相手の意見を大切にしたらよいか」の発言の型を教える。

> ・友達の意見に同意して，自分の意見を言わせる
> 「○○さんと同じように～です」
> ・反対意見だが，共感できる部分を伝えさせる
> 「○○さんの～ということはわかりますが，私は（ぼくは）～と思います」

11月～12月　人間関係の範囲を拡大させる

友達の感想を聞いて，自分の感想を深める

ここがポイント よい感想をモデルとして提示し，それを刺激に，自分の感想を深めさせる。

学習感想の深まり

①授業の感想を書かせる。

> ＜感想を書くときのコツ＞
> ・わかったこと，感じたこと，これからの学習に生かしたいことを書く
> ・本時で学んだ用語，板書の言葉を使って書く
> ・単元の感想を書くときは，ノートを見返す
> ・疑問に思ったこと，さらに調べたいことを書く

②できるだけ，全員に発表させる。
③教師が，よい感想のモデルを示す。

11月〜12月 《ねらい》人間関係の範囲を拡大させる

日常指導　授業・学習　**学級活動では**　保護者対応

グループで役割を決めて活動する

リーダーを中心に練習・活動する

ここがポイント これまでの集団の成長を生かし，リーダーを中心に自主的に活動させる。

リーダーの選出

①学年の練習リーダーを決める（4〜8人）。
②学年の練習リーダー同士で集まり，どんな合唱にしたいか，学年のめあてを話し合わせる。
③学年の練習リーダーのなかから，パートリーダーを決めさせる（各パート2人）。

練習

①音取りをしながら，パートリーダーに気になった点を注意させる。このとき，ピアノが弾ける子がいれば，協力をお願いして，「パートリーダーは指示を出す」「ピアニストはパートリーダーに指示された音を弾く」と仕事を分担し，パートリーダー中心に，練習を進めさせる。ピアノを弾ける子がいなければ，教師が音を取ることになるが，パートリーダー主導の練習システムになるように，教師はパートリーダーの後方支援をする。

練習の振り返り

①練習後に，全員で振り返らせる。学年のめあてに近づくように仕上がっているかを全員にいつも意識させる。

① めあてを出し合って共有させる

どんな合唱祭にしたいですか？

めあて
・お客さんを感動させる
・自分も感動する

② 役割を深めさせる
（パートリーダー，ピアノなど）

理紗ちゃんがピアノが得意だから協力してほしいです

② パート別に練習させる

めあてに沿ってがんばるぞ！

▶パートリーダー

グループの成果を客観的にとらえる

ここがポイント 当事者である子ども自身に「観客役」を体験させる。

合唱祭の全体練習（１）

①子どもたち全体の３分の２に歌わせる。残りの３分の１の子は，観客役で歌を聴かせ，感想を言わせる。
②２回目は観客役を交代し，より遠い距離で聴き，感想を言わせる。
③３回目も，観客役を交代し，あちこち散らばって聴き，感想を言わせる。
④演奏者と観客の受け取り方に差があることに気づかせ，改善する意欲をもたせる。「一生懸命歌っていても，客観的に聴いてみると，もっともっと向上できそうだね」。

お客さん役で感想を言う
- 前の方で聴きました
- 真ん中で聴きました
- 隅っこで聴きました

11月〜12月　人間関係の範囲を拡大させる

・・・・・・・・・・・・・・・・・

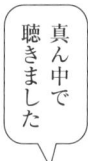

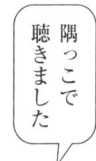

グループ内で評価して，励まし合って活動する

ここがポイント 自分たちのグループを評価させたあと，改善に向けて協力させる。

合唱祭の全体練習（２）

①評価の観点を示す。
　<聴く視点>
　声量，口形，姿勢，音程，子音など
②「聴く視点」を分担し，担当ごとの観点で，自分たちの合唱を聴かせる。
③各担当者から，気がついたことを指摘させる。技術的に劣る子への個人攻撃にならないよう，やさしい言い方について事前に確認させる。
④合唱祭の目的を達成するために，改善したほうがよい点は，グループ内で励まし合って改善させる。

観点別に感想を言う
- 口形を見ました
- 音程を聴きました
- 声量を聴きました

※担当はいろいろな子で交代させる

🍁 11月～12月 《ねらい》人間関係の範囲を拡大させる

日常指導　授業・学習　学級活動　**保護者対応**では

わが子の友達を理解してもらう

学習面での，友達からの影響を感じてもらう

ここがポイント「支え合い，認め合い，協力」の場面を見てもらう。

授業参観で，マット運動（体育）

①子どもたちに，保護者に見せたいものと手順を話し合わせる。

> （例）マット運動で「花火」を表現したい
> 初めのポーズ → 花火があがる → 花開く
> → 終わりのポーズ

②カードを使って意見を交流しながら，役割分担させる。

＜マット運動表現カード（1班）＞

	始めのポーズ	花火があがる	花火が開く	終わりのポーズ
はる子	V字	前転	後転	補助
なつお	V字	前転	後転	補助
あきお	V字	とびこみ前転	伸膝後転	倒立
ふゆみ	V字	とびこみ前転	伸膝後転	倒立

③「個人練習 → パートごとの練習 → 全体練習」の順で取り組ませる。特に，友達同士での支え合いの場面を，保護者に見てもらうようにする。

④活動中や活動後に，認め合いや協力の場面を称揚する。特に，友達へのさりげない配慮ができる子を取り上げたり，上手な子をうまく活躍させている班を紹介したりすることで，得手不得手があるなかでも子どもたちが認め合い，協力し合っている姿を見てもらう。

こんな場面を見せたい

●支え合いの場面

前転が苦手な子をサポートしている

「前田さんは親切に手伝ってくれているわ」

●認め合いの場面

ナイス
いい感じだよー

「友達を応援できていて感動的ね！」

「友達の理解」「親同士のかかわり」を深めてもらう

ここがポイント 親子レクを通じて、わが子の友達、友達の親に興味をもってもらう。

親子レク

①親子の交流が深まるプログラムを紹介する。

- 親子でストレッチ
- なんでもバスケット　など

②わが子の友達の名前が覚えられるレクを考えさせる。各班に分かれ、親子で一緒に考えさせる。子どもたちに、ふだんからリレーションづくりのレクをさせておくとよい。

③各班ごとに、①と②の活動をさせる。「班のメンバーの顔は、覚えて帰ってください」。また親同士でペアを組む活動も取り入れる。

「〇〇さんのとなりの△△です」ゲーム

- なわとびが得意な麻衣子です
- なわとびが得意な麻衣子の母の清美です
- なわとびが得意な麻衣子さんの母の清美さんのとなりの理科が好きな真彦です（以下続く）

11月～12月　人間関係の範囲を拡大させる

学校での友達とのかかわりについて、理解を深めてもらう

ここがポイント 学校での友達とのかかわりの様子、かかわりによる成長を伝える。

保護者面談

①家での子どもの様子を聞く。「家にはどんな子が遊びにきますか？」など、学校では見えない子どもの様子や、人間関係を聞き取る。

②学校での様子を話す。「学校では〇〇さんと～をして遊んでいます」など、家に来る友達はもちろん、そのほかにもいろんな友達とかかわっている子どもの様子を伝える。

③子どもの学習の成果を見せ成長を伝える。「こんな作文を書いています」「こんな感想を書きました」。

◎ファイリングしている提出物
- 作文ファイル
- 学習ファイル

◎日記のコピー
〇月×日　〇〇さんと～して遊びました

同じ班の三国さんと教え合ってテストに取り組みました

冬休み前1週間

この時期のねらい
「やればできる」と感じさせる

▶冬休み前1週間の学級の雰囲気

　1年の3分の2が経過した。学習面では、授業内容が身についた子と定着していない子の差が目立つようになっている。勉強の苦手な子には、「自分は、できるようにはならないのだろうか……」という不安もよぎり始めている。

　生活面では、友達関係になれ合いの場面もみられる。学級によっては、子どもたちの「ルールを守ろう」という意識が薄らいできており、「あの子とならきまりを破っても黙っていてくれる」と感じ始める子もみられる。

　「勉強は何のためにするか」「ルールはどうして守らなければならないか」を再確認させ、基本的な学習内容やルールを復習させ、冬休みの課題につなげたい。また、成長を実感させ、やればできるという自信を定着させておきたい。

やること
自分と学級の成長を確認させる

ゴール となる子どもの姿
友達と励まし合いながら，まとめの学習に意欲的に取り組んでいる。短期間の学習計画を決め，なしとげている。個人的な取り組みに終わらせず，協力し合ったり，教え合ったりして，学習を通して，友達とかかわり合っている。

日常指導は P126上段 参照
「成長の認め合い」

学級活動は P127上段 参照
「お楽しみ会」

授業・学習は P126下段 参照
「成長の認め合い」

保護者対応は P127下段 参照
「冬休み中の家庭での過ごし方」

冬休み前1週間　「やればできる」と感じさせる

▶ 教師力アップのコツ

(1) **子ども同士の認め合いを促進する**
リフレーミングの例をふだんから示す。「いいとこ四面鏡」に取り組ませる。活動前に，「本人が気づいていないことも，発見して伝えてあげよう」と促す。

(2) **友達の意外な活躍を紹介する**
これまで，スポットライトが当たっていなかった子を捉える。教師が2学期を振り返って，その子のよいところを見つけ，子どもたちに広く紹介する。

(3) **冬休みの計画を交流させる**
冬休みの計画を書かせたら，内容を友達と交流させ，学習方法や生活の仕方など，参考にさせ合う。

(4) **個人の取り組みを全体に紹介させる**
2学期の学習物（きれいにまとめたノート，図画，習字の作品 など）を机の上などに並べさせて，友達同士でそのがんばりを認め合わせる。

(5) **「最高の自分」をイメージさせる**
活動のとき，「もっと明るく上手にあいさつできると思うけどなあ」「学習発表会の呼びかけの声を思い出してごらん」などと，成果を交えて，声をかける。

冬休み前1週間 《ねらい》「やればできる」と感じさせる

日常指導では

成長を認め合う

ここがポイント 学級の一人一人が，確実に成長していることに気づかせる。

① 帰りの会で，隣の友達と，「学習面」「生活面」について，2学期にできるようになったことを認め合わせる。めやすになりそうな例を，教師が提示しておく。

> 【学習面】わり算がすらすらできるようになった
> 【生活面】相手の目を見て話を聞くようになった

② 友達のおかげでよい結果が出せたり，成長できたりしたことにも気づかせる。

帰りの会で「ほめほめタイム」

> なつみさんが苦手なピーマンを全部食べました！
> あきこちゃんが二重跳びを教えてくれました！

授業・学習では

成長の実感と今後への展望をもつ

ここがポイント 学習成果の見せ合いを通して，お互いの成長と課題を意識させる。

① 「作文」「学習プリント」「一人勉強ノート」等，学習成果をファイルさせる。
② 隣同士で，ファイルを交換して読み合い，成長を喜び合うことを伝える。友達の学習の足跡を見るときは，量だけでなく，「変化」を見るように，見方を教えておく。
③ 子ども同士で，ファイルごとに，感想を書かせる。例えば，「作文」を読んだらその感想を，最後のページに一言メモさせる。また，ふせんに書かせて，貼らせるのも効果的。

> がんばりましたね
> ありがとう

> 一人勉強ノート
> 感想カード
> なつ子さんへ
> 生き物の観察、よく見るといろいろな発見があると思いました
> ふゆお

日常指導　　授業・学習　　**学級活動**では　　保護者対応

学級の楽しい思い出を確認する

ここがポイント がんばったことや楽しかったことを軸に、学級の2学期を振り返らせる。

①「学級振り返りゲーム」をする。
- 【国語】漢字クイズ
- 【算数】重さ当てクイズ
- 【音楽】イントロクイズ

②「がんばった子はだれ？ゲーム」をする。レク係が、2学期のがんばったシーンを再現し、みんなで、エピソードの主を当てる。

③学年・学級で「楽しかった・がんばった・心に残った」ことをアンケートしておき、「十大ニュース」として発表する。

〔黒板〕3組の10大ニュース／ハムスター大はんしょく
「里親探しをみんなでしたよね」
「みんなの優しさが見えた大ニュースだったよ」

冬休み前1週間　「やればできる」と感じさせる

日常指導　　授業・学習　　学級活動　　**保護者対応**では

わが子の成長に気づいてもらう

ここがポイント 冬休みの過ごし方について、親子で計画してもらう。

①冬休みの過ごし方について、親子で計画を立ててほしいと、学級通信等で伝える。

- 【地区行事への参加】子どもに、冬休み中の地区行事を調べさせる。保護者には、子どもの参加に協力してもらう。
- 【お手伝い計画】子どもに、家族のために自分ができることを考えさせ、保護者と相談させながら、計画を立てさせる。
- 【整頓デー】学校から持ち帰ったものをしっかり洗ったり、足りないものを補充したりする日を設ける。保護者に見守ってもらう。

「お寺のすす払いは朝7時からよ。起きられる？」
（なんだか少し頼もしくなっているみたい）

1月～2月

この時期のねらい
子どもたちの願いを実現させる

▶1月～2月の学級の雰囲気

　子どもたちに自立心が芽生え，一人一人が，学級に対して多様な要求をしたいと感じている。これまでも，何かをするときには，学級のみんなに相談しながら活動してきた。その経験を生かして，「こんな学習をしてみたい」「友達とこんなことをしてみたい」「みんなで何か一緒にやりたい」などと，声をあげる子もみられる。

　教師からみれば，子どもたちの要求は，まだまだ自己中心的であり，物理的にも無理な場合が多い。そこで，教師が条件面の提案や，裏方的なサポートをしつつ，大筋はこれまで培ってきた取り組みの手順に従わせて，子どもたちによる企画・運営を実現させていきたい。

やること
リーダーを中心とした活動展開を確立させる

🚩 ゴール となる子どもの姿
だれかの小さな願いを学級全体で検討し合い，具体的な内容に高めている。だれもがリーダーになることができ，リーダーが活動の中心になっている。自主的な活動を「発議，原案づくり，話し合い，活動，評価」の流れで進めている。

日常指導は P 130 参照
「役割の意味」「フォロワーの約束」
「ボランティアの心」

学級活動は P 134 参照
「6年生を送る会」「2分の1成人式」

授業・学習は P 132 参照
「自発的な相談」「テーマ学習発表会」
「学び合いの振り返り」

保護者対応は P 136 参照
「成長の確認」「進級への課題」
「学年部会総会」

1月〜2月　子どもたちの願いを実現させる

▶ 教師力アップのコツ

(1) 高学年へのライバル心を刺激する
児童会の活動では，「高学年に追いつき追い越せ」を合言葉に，具体的に何をすればいいかを考えさせたりして，意欲的に取り組ませる。

(2) 6年生を送る会の出し物を，自分たちで企画させる
実際は教師主導で進めるが，できる限り子どものアイデアを目に見える形で生かし，子どもたちが，「自分たちで取り組んでいる」と感じられるようにする。

(3) やるべき仕事に，質問して気づかせる
「係会議は昼休みですよ」と言うより，「係会議はいつだっけ？」。リーダーには，事前に，「今日の係会議でどんなことを決めたらいいかな？」と質問する。

(4) 友達のよさに，質問して気づかせる
望ましい行動を捉えて，「いいよねえ」と全体に合意を求め，賞賛させる。活動がうまくいっているとき，「だれのどんな言動によるものか」と問いかける。

(5) リーダー会議に，学級分析の時間を取り入れる
「いまの学級の問題点」「その原因」「解決するには各班でどんなことをするべきか」など，少しずつ，現状改善のためのアセスメントをさせる。

1月～2月 《ねらい》子どもたちの願いを実現させる

日常指導では　授業・学習　学級活動　保護者対応

リーダーに協力して活動する

いまあるすべての仕事の必要性に気づく

ここがポイント　一人でも責任を放棄すると，いまの学級生活は崩れることを想像させる。

「仕事をやらないとどうなるか」の連想

① 帰りの会などで，機会を捉えて，教師の失敗談（仕事をしなかった悪影響）を話す。
② 失敗談を，学級での，子どもたちの身近な事例に置き換えて，手短に話す。

> ＜仕事をしないとどうなるか？（例）＞
> リーダーからお願いされた仕事（本棚の整理）をさぼってやらない → 本棚が乱れる → 本を探しにくくなり，本棚の前に人が殺到する → みんなが本を探すのが面倒になる → リーダーが責められる → リーダーが本の整理をする
> ※ここでは，「みんなの生活環境が悪くなること」「リーダーに迷惑をかけること」を想像させる

① 仕事が果たされない状況を連想させる

（イラスト：教師が「このあいだ職員室の蛍光灯の交換を忘れて帰ってしまったんだ　結局，教頭先生が交換してくださってね…」「学級のことだったらみんなはどう思う？」と話し，子どもたちが「生活が悪くなる！」「教頭先生かわいそう」と考えている）

いま自分が貢献していることの確認

① 一人一人の存在や協力のありがたさについて話す。「例えば，この前，風邪がはやって，友達がたくさん休んだとき，残った人で掃除をするのは，とても大変でしたね。一人の力が，とても大きいと感じましたね」。
② ふだんの自分の役割行動を評価させ，自分で表に書き込ませる。「あたりまえにみなさんがやっていることが，どんなに大切なことなのか，考えてみましょう」。
③ 4人グループで，意見交換させる。各自のリーダーへの協力が，学級生活を充実させていることに，気づかせる。

② 自分が貢献していることを書かせる

学校のためにしていること	どう役立っているか？	よりよくするためにどうするか？
毎日の清掃	清潔に過ごせる	手ぬきをしないですみずみまで
教室に入ったときのあいさつ	雰囲気を明るくしている	もっと笑顔ですればよい
黒板係	気持ちよく勉強ができる	チョークもきちんと並べておく

（イラスト：女の子が「もしだれもやらなかったら大変だなあ」と考えている）

「フォロワーの約束」を守って活動する

ここがポイント 自分がリーダーのときしてほしい行動を，友達にしてあげることを確認させる。

リーダーがしてほしいこと

① 4人組で簡単な話し合いをするときに，輪番で司会（＝リーダー）をさせる。
② 司会以外の人（＝フォロワー）の約束を確認させる。

＜フォロワーの約束（例）＞
ア　司会の指示に従うこと
イ　そうだなあと思ったり，指示の内容がわかったりしたときは，うなずくこと
ウ　話し合いのテーマからそれないようにして，進行に協力すること

③ 司会用のシナリオを用意しておき，司会に，それを自分の机の上に置いて，参照させながら話し合いを進めさせる。

司会のシナリオ
1 「これから、○○についての話し合いを始めます」
2 「意見を出してください」
3 「一人一つずつ考えていることを発表してください」
4 「似ている意見をまとめましょう」
5 「一番大事なのはどれだと思いますか？」

「フォロワーの約束を守ろう！」
▶司会　◀フォロワー

1月～2月　子どもたちの願いを実現させる

「ボランティア」の学級世論をもつ

ここがポイント 他人のために，自分の好き嫌いをこえて，貢献しようとする意欲をもたせる。

ボランティアの心

① 帰りの会などで，子どもたちの自主的な行動を手短に取り上げて，ボランティアとは何かを伝える。「ボランティアとは，自分から進んで，ほめられることを期待しないで，社会のために活動することです」。
② 家庭や学校で，自分たちが既にやっているボランティアはないかを考えさせる。
③ 生活を向上するための，各自ができる取り組みに挑戦させる。教師は，周りの子が気づけるよう取組みを見守る。
④ 1週間後，何をしたかを無記名で書かせる。それを教師が紹介し，だれのことかと詮索はせずに，拍手を送り合わせる。

「ぼくは窓を締めてから帰りました」
パチパチ
「ぼくだ！」

1月～2月 《ねらい》子どもたちの願いを実現させる

日常指導　**授業・学習では**　学級活動　保護者対応

認め合い活動を促進する

学び合いの時間を要求する

ここがポイント 子どもたちから，必要なときに，学び合いの時間を要求できるようにさせる。

リーダー会議での意識づけ

①放課後などのリーダー会議の機会を捉えて，学び合いの隊形について，手短に確認する。

- ・2人組（隣，前後）……簡単な相談
- ・4人組で机を合わせない……決まったことの再確認，テーマの共有等
- ・4人組で机を合わせる……作業が伴う話し合い，調べ学習，テーマ学習等

②授業中，リーダーはメンバーの様子を見て，必要に応じて，教師に相談の時間を要求してよいことを伝える。「メンバーが困ってるなと感じたときは，遠慮せず『相談したいです』と要求しましょう」。

③相談を要求するときの手順を確認する。「要求するときは，隊形と必要な時間を言いましょう。先生が承認したら，リーダーの君たちが音頭をとって，進めてね」。

授業で練習

①最初は，教師から「いま相談しなくていいかい？」「4班，確認したいことがあるんじゃないの？」などと，問いかける。要求のタイミングや，相談内容に見合った隊形など，要領や基準を覚えさせる。

②だんだんと，子どもたちから，要求が出てくる。教師は，要求できたことを認めて，隊形と時間を評価して，適切な方法を採用する。

① 学び合いのルールを再確認させる

● 隣同士
- 話しやすい
- 聞きやすい

● 4人組
- いろいろな意見

「場面に向いた隊形があるね！」

② 場面を見極めて自分たちでできるようになるまで練習させていく

「老人はどうして海へ行ったのか？」

「先生，三分くらい相談の時間をください」

テーマ学習の成果を認め合う

ここがポイント 学習成果はテーマグループごと,苦労や努力はテーマ外の仲間とも共有させる。

テーマ学習の発表会

①総合的な学習で,同じテーマに取り組んだ仲間と1年間の資料をまとめ,壁新聞をつくらせる。グループごとのテーマで学習した場合はグループごと,個人のテーマで学習した場合は,似たテーマで4人程度のグループを形成させ,作業を進めさせる。

②発表会を開く。壁新聞を掲示して,グループごとに発表させる。このとき,よその学級に聞き役をお願いし,感想を書かせる。発表グループと同じ数の感想グループを決めておき,発表グループは感想グループの数だけ発表する。感想グループはローテーションする。感想回収箱を設置しておく。

1年間のお互いの成果を認め合う

ここがポイント 学級の全員が,学び合いを通して高め合ってきたことに気づかせる。

学び合いの振り返り

①2月末の教科ごとのまとめの授業で,教科書の目次を見て,何を学び,どんなエピソードがあったのか,自分や友達の活躍を振り返らせる。また,友達とのかかわりで,勉強が楽しくなったことや理解が深まったことなどを確認させる。

②がんばった友達を紹介させる。1単元につき1人,全部で5人を紹介する。紹介カードを用意して,「単元名」「思い出に残る学習場面」「思い出に残るがんばった人」を書かせる。隣の友達のことを必ず一つ書くようにさせる。

③書いたものを模造紙に貼り,掲示する。

1月～2月 《ねらい》子どもたちの願いを実現させる

日常指導　　授業・学習　　**学級活動では**　　保護者対応

集団活動で達成感を味わう

自分たちで、組織的に活動する

ここがポイント　「ねらいからぶれないこと」を一人一人に意識させながら、大集団で活動させる。

ねらいの共有

① 「『6年生を送る会』は、自分たちで決めたテーマを意識しながら活動しましょう」と伝える。教師は、テーマが、6年生への感謝の気持ちがしっかりと届くような内容に決まるように、見守る。

② 学年の子どもたちで、テーマを実現するために必要な約束を3つ決めさせる。教師は、3つの約束が、できるだけ単純な内容・表現になるように、見守る。

- 言葉を大きくはっきりという
- 練習で、無駄話をしない
- 返事や姿勢に気をつける

ブレの修正（練習後は毎回、手短に）

① 毎回の練習の始めに、リーダーを中心に、みんなで声を合わせて、テーマをコールさせる。その後、3つの約束を確認させる。

② 練習後、全員で集合し、3つの約束を守れたかどうか、挙手で一つずつ確認する。

③ 時間があれば、子どもたちに、だれのどんなところがよかったかを、発表させ合う。

④ さらに時間があれば、リーダーが、グループの活動の様子について、全体的な評価と、特にがんばっていた人を紹介する。「雅彦君の返事は、とても気持ちがよかったと思います。あれなら、6年生にも感謝の気持ちが伝わると思います」。

① 自分たちの約束を決めさせる

（1）返事や姿勢に注意
（2）無駄話をしない
（3）言葉を大きくはっきりと

私たちの約束よ

② 練習後、自分たちで確認させていく

中田くんが（1）の約束どおりにがんばっていました

いままで以上にみんながまとまっている気がする

成長の喜びを発信する（4年生）

ここがポイント 感謝の気持ちや願いがうまく伝わるよう，教師が裏方でサポートする。

「2分の1成人式」の意義

①「成人式は、なぜあるのでしょうか。ちょうど10歳はその半分です。そこで，2分の1成人式をしたいと思います」。
② 子どもたちに，自分の10年間の成長について，取材項目を示した用紙を配布する。子ども自身に，家族への取材をさせる。

> 「生まれたころの自分」「名前に込めた親の願い」「病気やけがをしたときのこと」

③「これからどんな高学年になりたいか」を，全員に記入させる。

① 成長を支えてくれた家族の姿を思い出させる

（吹き出し：生まれたころは… / 名前の由来は…）

・取材用紙を配布し，子ども一人一人に記入させる

全体計画や台本は，教師主導で

① 教師主導で，子どもたちの「10年間の成長の実感」「高学年への思い」を，呼びかけや歌として構成する。事前に，子どもたちの取材メモを回収しておき，子どもたちの取材が生きるように配慮する。
② 教師が，全体計画を立案する。一人一人が，演台で，ひと言でも感謝や誓いの言葉を言えるような式にする。

② 子どものアイデアを生かして発表会を計画する

（吹き出し：招待状出そうよ / 1年のときの担任の先生に来てほしいなぁ）

・主体的にかかわらせる

本番の主役は子ども

① 子どもたちの係（招待状，看板の作成）や練習内容などを決める。子どもたちが主体的に取り組める内容にする。
② 子どもたちに招待状を書かせる。保護者の分は，家族のおかげでここまで成長できたことを思い出させながら書かせる。
③ 本番は，成長の感謝とこれからの誓いを述べさせる。

③ みんなの前で感謝を述べさせる

（吹き出し：これからは○○になりたいです）

・感謝や誓いを述べさせる

1月〜2月　子どもたちの願いを実現させる

1月〜2月 《ねらい》子どもたちの願いを実現させる

日常指導　授業・学習　学級活動　**保護者対応**では

進級の準備をしてもらう

わが子の進級への意欲づけをしてもらう

ここがポイント　子どもができるようになったことについて，親子で交流してもらう。

「できるようになったことベスト10」

①子どもに，この1年間でできるようになったことを10個書かせる。「生活面で」「勉強面で」「家庭で」など，場面を指定してもよい。

②同じ条件で，保護者にも子どもができるようになったことを書いてもらう。保護者には，書いてもらう意図や，「できるようになったことベスト10」の使いみちについても説明する。書いたものは，封筒に入れて，子どもにわからないようにして提出してもらう。

学級通信で紹介

①学級通信に，＜自分が書いたベスト10＞＜うちの人から見たベスト10＞を並べて掲載する。

②子ども一人一人に保護者の書いたものを渡し，自分の書いたものと比較させる。一致したものがあれば，「家の人も同じように認めてくれた」のだし，違うことを書いていたのであれば，「自分が気づかないことも見てくれていた」ということに気づかせる。

③子どもに，保護者宛に，ベスト10の感想や，これまで応援してくれたことへの感謝，これからがんばりたいことなどを手紙に書かせ，＜うちの人から見たベスト10＞＜自分が書いたベスト10＞とセットにして，封筒に入れ，保護者に渡させる。

① **子ども自身に，できるようになったことを書かせる**

おうちのことでもいいですよ

①さかあがりようになった
②25m泳げるようになった
③……

② **保護者に，子どもができるようになったことを書いてもらう**

何があるかしらねえ…

③ **それぞれのベスト10を紹介する**

学級通信
できるようになったこと

自分のベスト10	うちの人ベスト10
☆25m泳げるようになった(××)	☆1人でおきられるようになった(××)
②	②

進級に向けての課題を理解してもらう

ここがポイント 教師の気づきや保護者の不安を共有して，必要な校内組織につなぐ。

課題を抱える子への個別対応

①学習の遅れが目立ったり，友達関係に問題を抱えたりしている子どもについて，保護者と話し合う。進級に向けて，2月中に行う。

②4月からこれまでの成長を確認し合ったうえで，保護者が感じている課題や，家庭での様子，子育てをしていて不安に感じることなどを十分に聞く。

③学年主任，管理職，特別支援コーディネータに相談をもちかける。

④以降は，必要に応じて，必要な校内組織，専門機関と連携を持ちながら進めていく。

●保護者の不安を共有する

学年集団の成長を理解してもらう

ここがポイント わが子とよその子どもの成長をともに確かめ，子ども理解を深めてもらう。

学年部会総会

①子ども理解を深め，子どもの成長を認め合えるような学年部会総会にする。事前に保護者にアンケートを取っておき，それを資料にして子どもの変化について話し合う。

> ＜事前アンケートのテーマ（例）＞
> 成長に関する悩み，家庭学習，おこづかい，起床・就寝時間，友達との遊び

②学年PTAの活動についての成果と課題を確認してもらい，役員への感謝を表す。

1月〜2月　子どもたちの願いを実現させる

❀ 春休み前1週間

この時期のねらい
新しい学年への意欲をもたせる

▶春休み前1週間の学級の雰囲気

　修了式に向け，壁面の掲示物ははがされていき，学習用具も少しずつ減っていき，教室は，ちょっぴり悲しげな風景になっている。

　子どもたちは，年度当初に決めた学級目標を見つめながら，願いの成就できた部分に着目して，喜びをかみしめている。また，にぎやかに過ごしてきた1年間をおのおのに振り返り，「このクラスで多くのことができるようになった」と，友達と，学級への満足感を確認し合っている。その裏で，進級の喜びと，学級編成がえで離れ離れになる友達も出てくることへの寂しさを感じている。

　教師は，子どもたちに，次年度に向けての夢や希望をもたせたい。そして，友達や，教室に，素直に「ありがとう」と思えるようにさせたい。

第4章 学級づくり12か月－そのねらいと方法－

やること
学級への満足感や成長の実感を味わわせる

ゴールとなる子どもの姿
できるようになったことを友達と認め合っている。自分を支えてくれた，友達，教師，保護者，教室に，感謝の気持ちを示している。新学期の予定を把握し，それに向けて，計画を立てている。

- 日常指導は P140上段 参照
  「進級への自覚」

- 学級活動は P141上段 参照
  「お楽しみ会」

- 授業・学習は P140下段 参照
  「1年間の学習の振り返り」

- 保護者対応は P141下段 参照
  「親子で成長の振り返り」

春休み前1週間　新しい学年への意欲をもたせる

▶ 教師力アップのコツ

(1) **教師から「免許状」を贈る**
「あなたのよさ」「できるようになったこと」「次の学年に向けて期待すること」などを記入した免許状を個別に全員分用意し，握手をしながら渡す。

(2) **子ども同士の感謝の伝え合いを促進する**
「別れの花束」に取り組ませる。活動の目的を徹底したうえで，全員が同じくらいフィードバックがもらえるよう，たっぷり時間をとって取り組ませる。

(3) **1年間の成長の記録をまとめさせる**
1年間の活動を4月から順に想起させ，そのとき自分ががんばったことを，カードに短い文で書かせる。それをまとめ，作品集などに貼って保存させる。

(4) **下級生へのメッセージを贈らせる**
教室を大切にしてほしいこと，がんばってほしいことなど，全体でどんなことを書くか話し合い，大きめの画用紙にメッセージを書かせ，教室に残しておく。

(5) **「4つの事故」に気をつけさせる**
「交通事故」「水の事故」「火の事故」「心の事故」の4つの事故に気をつけながら，安全に春休みを過ごすように注意を促す。

🌸 **春休み前1週間** 《ねらい》新しい学年への意欲をもたせる

日常指導では　授業・学習　学級活動　保護者対応

新しい学年の生活に希望をもつ

ここがポイント 新しい生活への期待感をもたせ，進級の自覚とルールの点検をさせる。

①修了式以降の日程を知らせ，新学期への期待感をもたせる。

> <新学期を意識させる話題（例）>
> ・春休み中の登校日の日程，持ち物
> ・新学期初めの日程，持ち物　など

②新学期向けの準備をさせ，進級する自覚をもたせる。「来年度も使うもの（きれいにして持ってくるもの）」「新しく用意するもの」「おうちの人にお願いして持ってくるもの」，チェック表を渡して確認させる。

（吹き出し）もうすぐ新学期が始まるのかあ！

きれいにして持ってくるもの
・図画の道具
・習字用具
・うわばき
・紅白帽子
あたらしく用意するもの
・算数ノート
・国語ノート
・分度器

日常指導　**授業・学習では**　学級活動　保護者対応

自分の成長を確認する

ここがポイント 1年間でたまった学習成果を束ねさせ，自分の継続的な努力を認識させる。

①1年間の学習成果物を一つにまとめさせる。「一人勉強ノート」「日記帳」は，それぞれひとまとめにさせて表紙をつける。「読書カード」「マラソンカード」などは，穴あけパンチをつかって，まとめる。紐はリボンを使って，きれいにする。

②成果物を見直す時間を設ける。①で作った成果物を，各自でじっくりと見直させる。1学期からの自分の成長や，友達とのかかわりをしみじみと思い出させる。

（吹き出し）こんなにたくさん読めたんだなあ！

日常指導　　　授業・学習　　　**学級活動**では　　　保護者対応

学級生活や友達への満足感を味わう

ここがポイント この１年間で，学級生活や友達関係のうれしかった出来事を伝え合わせる。

①学級じまいのお楽しみ会に，１年間の学級生活を振り返る活動を取り入れる。

- フルーツバスケットの罰ゲームとして，「お題カード」を引かせ，お題に従わせる（お題の例：「この学級でよかったと思ったこと」「この学級で助けてくれた人」）
- 事前にアンケートをとっておき，それを集計して発表する（お題の例：「みんなで力を合わせたベスト３」「みんなで大笑いしたベスト３」

「最初はみんなおとなしくてしゃべらなかったし…」

「えーと…お題は『この学級でよかったと思うこと』です…」

日常指導　　　授業・学習　　　学級活動　　　**保護者対応**では

１年間の成長を実感してもらう

ここがポイント 保護者の言葉で「わが子の成長」を大々的に認めてもらう。

①子どもたちに「１年間の簡単な振り返りと来年度への抱負」を書かせる。
②書かせた内容を学級通信に掲載する。学級通信には，保護者向けに，キリトリ線を付けた小さな記入枠を用意し，「１年間のわが子の成長」を題材に川柳を書いてもらう。
③保護者の川柳を次号に掲載する。

●この１年でできるようになったこと
この１年間で，友だちがたくさんできました。次の学年では，下級生のお世話をしたいと思います。　山川　智弘
――――キリトリ――――
●わが子の振り返り川柳
ともだちが
わが子をささえて
くれました　　山川　恵

春休み前１週間　　新しい学年への意欲をもたせる

COLUMN　Q-Uの結果の活用方法とK-13法

Q-Uの結果の活用

　P.27に紹介した学級満足度尺度の結果が「学級生活不満足群」と判定された子どもは，不登校になる可能性が高いといえます。また，「侵害行為認知群」あるいは「学級生活不満足群」と判定され，学校生活意欲尺度の友人関係得点も低い子どもは，いじめ被害や悪ふざけを受けている可能性が高いといえます。結果に応じて，当該の子どもの様子を十分に観察するとともに，子どもと個別に話し合う機会を設け，教師が意識して声かけを行うなど，具体的な予防的対応を進めていきます。

　学級崩壊の予防，学級集団づくりについては，P.28で紹介した学級満足度尺度の結果の分布から，学級における「ルール」と「リレーション」の確立状態を理解して，学級集団の状態に合った指導を行うことにより学級が集団としてより成熟した方向に進むよう対応します。

K-13法

　Q-Uの結果をとったあとに，自分1人では対応が不安になったり，仲間からのアドバイスや学年のサポートがほしいと思う場合もあります。そのようなときに，各教師がQ-Uの結果を持ち寄って，検討会を行うことができれば有効なことです。ここでは，K-13法というマニュアル化された事例研究法の手順を紹介します。

事例提供者による事例の発表

　事例提供者は，学級のQ-Uの結果を見せながら以下のことを参加者に説明します。参加者はプロット図にマークしたり，内容をメモしたりします。

❶　学級のリーダー格の子どもを説明する。
❷　配慮を要する子どもを説明する。同時に，教師の予想とプロットの位置がはずれていた子どもがいたら，それについても説明する。
❸　おもなグループを説明する（だれとだれがグループか，グループの特徴は何か，

リーダーはだれか）。
❹　学級の問題と思われる点を説明する。
❺　参加者が疑問に思う点，確認したい点を事例提供者に確認する。

> アセスメント

❻　参加者（事例提供者も含む）は，学級の問題が発生した要因，それが現在も続いている要因を考え，できるだけ多くカードに書き出す。
❼　全員のカードを集めて，似ている内容ごとに分類し，まとまりごとに1枚の画用紙に貼り付ける。それぞれの画用紙にタイトルをつける。
❽　7の画用紙を，重要だと思う順番に並べかえる。それぞれが並べ方の理由を発表し，協議して参加者全員で統一見解をまとめる。

> 対応策の検討

❾　8で統一見解を得た問題の要因に対して，解決策を考え，できるだけ多くカードに書く。具体的な行動レベルで記述する。
❿　7と同じように整理する。
⓫　8と同じように順番をつけ，話し合って対応策の統一見解をまとめる。
⓬　事例提供者は，11の対応策について，自分が行うときに不安に思う点，懸念される問題点を述べ，参加者と対策を確認する。

> 結論と決意の表明

⓭　事例提供者は，これから取り組んでいく問題と，具体的な対応策をみんなの前で発表する。参加者全員の拍手で終了する。

> フォローアップ

　1～2か月後に，再びQ-Uを実施し，ポジティブな変化が認められない場合は再び同様の会議を実施する。

第5章

思い出に残る
最高の学級集団

そのとき，君たちは天才だった

別所 靖子

　教師3年目，4年生の担任になった私は張りきっていた。今年は全員に確かな漢字力をつけたいと考え，定期的な漢字テストを計画した。百点満点の10問テスト，その結果を36人分に区切った漢字コーナーの，各自の場所に貼り重ねていきたいと提案した。「漢字は練習すればだれでも覚えられる」「正しく書ければ自信がつくし，必ず役に立つ」「全員百点を目標に目に見える形でがんばりを讃えたい」と。

　ほとんどの子がしぶしぶだったかもしれないがOKの反応を示した。しかし，学級委員のA君は違った。「全員百点を目標にするのは賛成，でも，貼り出すのは反対です」と譲らない。出鼻をくじかれ，私のプライドは傷ついた。一瞬，強引に押し切ろうかとも思ったが，漢字の得意なA君にも一理あると気を取り直し，代案を求めた。A君は「グループ学習で教え合います」ときっぱり。それを聞いて，ほかの子もほっとしたようだった。

　それから，「百点でなくても絶対責めない」の約束を守りながら，朝自習・給食準備中・放課後等，時間を見つけては班ごとによく練習した。しかし，全員百点達成はそう簡単ではない。毎回，「おしい！」の繰り返し。やっぱり無理かと気弱になった11月，漢字練習への集中と，班や学級のまとまりが最高に達したのか，ついに目標達成。みなうれしくてうれしくて，次の時間は，校庭で思い切り「ドロ警」を楽しんでしまった。

みんなでつくる学級

星　由希

　担任した4年生の学級は，元気で何事も意欲的な子どもたちだが，ルールの定着が課題であった。そこで，「1学期末までになりたい具体的な姿」を考え，今の自分たちの課題について話し合った。学級の課題をみんなで共有し，スモールステップの目標をつくった。教師から指導されるのではなく，自分たちで目標を話し合うことで，「学級をよくしたい」という気持ちが全員に広がった。

　課題を達成するたびに，ペットボトルにビー玉を一つずつ入れていくことにした。ビー玉が入ると拍手喝采！「やったー！また宝が増えた」とうれしそうだった。増えていくビー玉をうれしそうに眺める子もいた。

　自分たちで「授業開始の時間を守る」と目標を決めたら，「もう時間になるよ。そろそろ片付けようよ」など，声をかけ合うようになっていった。目標が達成され，ビー玉が貯まっていくうちに，自分たちで次の目標をつくり始めた。『自分たちで学級をつくっていく』，その姿がたまらなくうれしかった。

　1学期が2か月ほど過ぎたあるとき，ノートの片隅に書かれたメッセージがあった。「み～んなで，一学期で一番高い山（自分たちの課題）にがんばって登って，頂上できれいな景色を見ようね。みんなとならできる!!」とあった。学級を思うそのメッセージは，学級にあたたかい風を吹かせた。

　「みんな」のために動ける学級。自慢の子どもたちである。

毎日がにぎやかで楽しかった

向井知恵子

　久しぶりに受けもった4年生は，ギャングエイジだった。28名のクラス集団は，40人学級のにぎわいを見せていた。方言，いじめ，不登校，虐待，愛の手帳を持つ保護者，新興宗教，家庭崩壊…と個々に諸事情を抱え，今度の担任へ期待を寄せていることを感じた。

　すぐにQ-U。それから，「もっと大きな喜びを味わわせたい」と考え，構成的グループエンカウンターの年間計画を立てて定期的に行った。これは，保護者会でも実施することで出席人数が大幅に増えていった。親同士も仲よく楽しく，子どもに負けない団結力をつけてほしいと依頼。すると，PTA委員を中心に学校へ行こうブームが広がった。

　家庭学習帳を一人一冊用意してもらい，漢字ドリル，計算ドリル，日記，自主勉強，外遊び（場所，人数，時間，したこと）何を書いてもよいことにした。これは，親子に好評。

　以前からもめごとの絶えないA君とB君，避難訓練中に取っ組み合いが始まった。緊急けんか中止令を出し，訓練後，砂場で担任立ち会いのもと，けんかを続行させた。事後，お互いの痛いところを擦り合い，固い握手で終わらせた。その後，周囲の子どもたちは二人がもめなくなったことに気づき，聞くと，二人は目を合わせてニヤニヤするばかり。「けんかするのは仲がいい証拠だってお母さんが言ってたよ」と，傍でだれかが話した。

　歯車がうまく回転すると，学級経営はおもしろく楽しい。多少のことは笑っていける。

本音で通じ合ったクラス

佐藤克彦

　「先生，男子が真面目に掃除をしてくれません」。ある日，女子が数人，こう私に訴えてきた。さっそく男子に聞いてみると，「真面目に掃除をしていたら，女子から『真面目にしてよ』と言われて，ほうきを取り上げられました」とのこと。

　その日の5校時，学級全体の問題として話し合った。「女子だって少ししゃべっていた」「女子の言い方がきつくて，むかつくことがある」と男子。「何度注意しても聞いてくれない」「注意すると陰口を言う」と女子。私は，黙って子どもたちの言葉を黒板に書いていった。そして，意見が出尽くしたころ，お互いの言い分に対してどう思うか，聞いてみた。「確かに少ししゃべっていたかもしれない」「言い方が少し乱暴だったかもしれない」と女子。「注意を聞かなかったこともあった」「つい陰口を言ってしまった」と男子。

　話し合いの後半で「よいクラスにしようと思って注意していたなんて知らなかったです」という男子の発言に全員がはっとした。その日，ある子の日記に「ものすごくよいクラスになった気がした」とあった。

　トラブルがあれば，お互いに本音を吐露し，思い違いを修正する。お互いがわかり合っていく過程で，本当に仲のよい人間関係が築かれていくことを実感した出来事だった。それからの子どもたちは，話すことで，積極的につながり合おうとしていた。担任として，その成長がとてもうれしかった。

お互いを尊敬し合う仲間たち

姫野　武

　ある3年生の学級には、活動的で学級のムードメーカーであるにもかかわらず、友達の意見につい腹を立ててしまうAさんと、ダウン症で、コミュニケーションがとりにくいものの、いつも笑顔のBさんがいました。

　総合的な学習の時間「野草で楽しもう」で、活動内容を話し合っていると、Aさんが、「Bさんは、物を作ったり、投げたりすることが得意だから、手裏剣作りがいいよ」と提案。それを聞いた友達が、「そうだね」「Aさんて、Bさんのことをよく見ているね」と続けました。そのときの、Aさんの満面の笑みを忘れることができません。

　その後、Aさんは、「葉の化石を作る」班で活動しました。友達に作り方を説明する場面では、少し恥ずかしそうに、「〜してください」「〜さん、うまいね」と、ふだんとは違う言葉づかいで、友達の活動をていねいにサポートすることができました。学習の振り返りで、「困っていたら、Aさんが、わかりやすく教えてくれたので、よかったです」「きれいな作品ができました」との友達の発表に、満足そうな笑顔を浮かべるAさんでした。

　いっぽう、Bさんも、「葉を使った手裏剣作り」班で活動、「Bさん、ここはこうしたら」「投げるのうまいね」と、友達との相互作用のなかで、意欲的に活動を進めることができました。

　子ども同士の認め合い、学び合いの大切さを実感することのできた学級でした。

学級に咲いたたくさんの花

三輪教子

　「先生、○○君（さん）が係の仕事を手伝ってくれません」。一学期、子どもたちは、友達の短所を見つけては、こう担任に知らせていた。そのため、友達から認められていないと感じている子が多かった。そんな子どもたちに、少しでも友達とのかかわりのよさを感じてもらいたいと思った。

　そこで、級訓「心の花をいっぱいに」を掲げ、毎週金曜日に、SGEとSSTを統合した、15分間の活動を行った。特に、「いいとこ四面鏡」は、友達のよいところを見つける活動と、シートを配るときに「どうぞ」「ありがとう」を言う活動が盛り込まれており、気持ちのよい話し合い方で、友達のよさを見つけ、さらに自分のよさも知らせてもらえるため、子どもたちが友達に承認されている気持ちが高くなった。

　このような活動を年間通して行ったことで、子どもたちの発言は、「今日はBさんが机の整頓をしてくれたよ」「私が困っているときに、優しく声をかけてくれた」など、友達を称賛する内容に変化していった。また、「友達が私のことをほめてくれることが増えてうれしい」と、友達に承認されることのよさを言葉にすることも多くなっていった。

　この一年で、子どもたちは友達とのかかわりが円滑になった。また、友達と一緒に過ごすよさを感じられるようになった。そして、子どもたちの心に優しい花がいっぱい咲き、私の心もあたたかくなる一年だった。

「ちゃんと叱ってくれたもん」

山下優子

　4年生も残すところ1か月,「もうすぐクラスがえだね」と言うと,新しい学年への期待感が子どもたちのなかに広がった。そのとき,S君の声が飛び込んできた。「おれは,また先生がいいな」。このとき驚いたのは,私だけではない。彼は,ちょっと照れながらも真顔で,「だって,ちゃんと叱ってくれたもん」と言ってくれた。

　4月,学級にルールを定着させることが苦手な私だったが,「最低限のルールの掲示」と「学級生活の約束を学級通信で点検すること」を意識して始めたことで,学級に徐々にルールが定着し,学習に前向きに取り組む子が増えてきた。そんななか,S君は,宿題を忘れても,係をしなくても,勝手な言い訳をして,しばしば私や仲間と衝突した。Q-Uの結果を見ると,彼は学級生活不満足群にいた。

　そこで,個別の作戦を立てた。「彼のよさを見取って,みんなに広めること」,「叱るときは,短く,冷静に」だった。そして,機会があるごとに「言い訳からは何も生まれない。君の力を生かすために,自分のしていることを見直そうよ」と伝え続けた。

　それからは周囲とのトラブルが減り,グループ活動では「早く終わったから手伝うよ」と声をかけるようになった。私とのやりとりも,言葉のレクリエーションとして,周囲もあたたかく見守ってくれるようになった。

　そんな彼の「ちゃんと叱ってくれた」は,私にとって最高のプレゼントだった。

「よいところ見つけ」で育った学級

萩原美津枝

　4月,学級編制替えをした3年生と出会い,「自分も友達も心地よい学級,みんなといることがうれしい学級にしよう」と呼びかけた。最初は,お互いを知り,コミュニケーションを深めるとともに,学級のルールづくりを心がけた。「話そう,聞こう」の自己紹介と他者紹介を毎週実施した。「よいところ見つけ」を,席替えの前,行事の後,月末などに,意識的に行った。しだいに,友達の存在とよさに気づいて,認め合う信頼関係ができてきた。

　後期が始まるころには,「友達がいないと元気になれない」「友達がどんどん増える気がしてきた」「みんなでいると心がふわふわになる」という声が聞こえてきた。私自身も,子どもと早く会いたくて,一日が終わっても,すぐに翌日が待ち遠しくなっていた。

　不登校ぎみだったUさんは,友達から「折り紙名人」と認めてもらうことで,喜んで登校するようになっていた。言葉より先に手が出ることで怖がられていたK君は,「昆虫博士」と呼ばれ,調べ学習の相談役として,自信をもって教えていた。36人と私,お互いに元気をもらえる気がして,ずっと一緒にいたい学級だった。

　最後の学級活動の日。「みんなでいっぱいよいところを教え合ってとってもうれしかったよ。このクラスと別れるのはいやだなあ」とS君が言うと,みんなが同じ気持ちを伝え合った。それは,教師として,最高の充実感,達成感を感じた瞬間だった。

あとがき

　以前，河村茂雄先生が，現場で困難に立ち向かっている教師たちの手記をまとめられました。教育に情熱を燃やし，実践に打ち込んでいた教師たちが，子どもたちの変化に直面し，厳しさを増す教育現場で苦悩する姿が描かれていて，その悩みは，切実なものでした。

　最近，私自身が，強く感じているのは，子どもたちの対人関係能力の低下による集団づくりのむずかしさと，保護者対応のむずかしさです。子どもたちも保護者も，「先生の言うことだから聞く」，「学校だからこうしなくてはならない」という意識は少なく，教師－子ども－保護者の3者間で，集団生活のルールや規範意識を共有することがとてもむずかしくなってきています。多くの教師が，「いままでのやり方では通用しない」ことを痛感して，そこで，「どうしたらよいのか」と，仲間同士で，悩みを打ち明け合っています。それは，経験年数に関係なく，多くの教師が直面している悩みのように感じられます。

　本書では，子どもたちのありのままの現実を受け入れることを前提にしています。Q-Uで，子どもたちの実態をアセスメントして，その実態に合わせたやり方で，親和的なまとまりのある学級集団づくりをめざすことを提案しています。

　4月の学級開きから，時系列に，学級集団の成熟を目標に定めて，何を，どのように，実践していくのか，具体的に提案しています。そして，集団体験を学ぶ機会が不足してしまっている現代の子どもたち一人一人に，学級集団を活用して，友達とのかかわりのなかで，対人関係能力や社会性を育てることをめざしています。

　本書は，子どもたちの笑顔があふれる居心地のよい学級をつくりたい，そんな願いをもつ先生方へのエールでもあります。これから経験を積み上げていく若い先生方の学級経営の手引きとして，あるいは，子どもたちの実態に合わせた方法を模索している先生方の何らかのヒントにしていただければ幸いです。

　本書が出版されるにあたって，現場の教師に，これからの学級経営の方向性を示してくださっている恩師河村茂雄先生に，改めて感謝申し上げます。また，本書の編集・執筆に際して，貴重なアイデアを提供してくださった多くの先生方に，深く感謝いたします。ありがとうございました。

　最後になりましたが，企画から校正まで，たいへんお世話になった図書文化社の東則孝さん，渡辺佐恵さん，牧野希世さん，佐藤達朗さんに，この場を借りて感謝とお礼を申し上げます。

編者を代表して　浅川早苗

執筆分担一覧　　　　　　　　　　　　　　　　　　　　　　　　　　　　　　　　　　※掲載順

河村茂雄（編者，早稲田大学教授）
　1章（P.8〜25）
　コラムなど（P.26〜29，40，86〜87，112〜113，142〜143）

藤村一夫（編者，岩手県紫波町立日詰小学校教諭）
　2章（P.32〜39）
　4章（P.56〜57，66〜67，76〜77，88〜89，92〜93，102〜103，114〜115，124〜125，128〜141）

浅川早苗（編者，山梨県都留市立禾生第一小学校教諭）
　3章（P.42〜51）
　4章（P.78〜85，90〜91）

深沢和彦（山梨県南アルプス市立大明小学校教諭）　4章（P.58〜65，68〜75）

及川哲子（岩手県盛岡市立松園小学校教諭）　4章（P.94〜101）

嘉門　洋（岩手県北上市立口内小学校教諭）　4章（P.104〜111）

小川暁美（岩手県盛岡市立上田小学校教諭）　4章（P.116〜123，126〜127）

別所靖子（埼玉大学非常勤講師）　5章（P.146上段）

星　由希（新潟県五泉市立村松小学校教諭）　5章（P.146下段）

向井知恵子（東京都世田谷区立経堂小学校教諭）　5章（P.147上段）

佐藤克彦（山形県酒田市立浜田小学校教諭）　5章（P.147下段）

姫野　武（三重県公立小学校教諭）　5章（P.148上段）

三輪教子（愛知県岡崎市立矢作北小学校教諭）　5章（P.148下段）

山下優子（石川県金沢市立伏見台小学校教諭）　5章（P.149上段）

萩原美津枝（千葉県千葉市立北貝塚小学校教諭）　5章（P.149下段）

2009年9月現在

さくいん

あ

あいさつ　　P.58, 69, 95
朝自習　　P.81
朝の会・帰りの会　　P.69
遊び　　P.79, 95
　　遊び集団　　P.79
　　全員遊び　　P.95
安全（廊下の歩き方）　　P.59
一年間の成果　　P.133
運動会　　P.108, 110
お楽しみ会　　P.127, 141
親子レク　　P.123

か

係活動　　P.82, 99
学習意欲の向上　　P.81
学習感想　　P.119
学習成果のまとめ　　P.126, 140
学習発表会　　P.117, 133
学習目標　　P.96
学年部会　　P.75, 137
課題の提出　　P.60
学級会　　P.83, 106, 116
学級じまい　　P.141
学級通信　　P.44, 64, 100, 136, 141
学級開き　　**P.41**

学級目標　　P.72
合唱祭　　P.120
家庭学習　　P.111
家庭との連携　　P.101, 110, 127, 137
家庭訪問　　P.84
壁新聞づくり　　P.118, 133
教室移動　　P.59
グループ学習　　P.80, 118
グループ活動　　P.43, 71, 132
　　2人組　　P.132
　　4人組　　P.132
グループづくり　　P.78
ゲストティーチャー　　P.111
校外学習　　P.81, 83
個人目標　　P.73
個別対応　　P.137

さ

座席表シート　　P.70
叱る　　P.63, 77
自己紹介（教師, 子ども）　　P.63
授業参観　　P.74, 122
整列　　P.104

た

大集団の活動　　P.134
縦割り活動　　P.117

チャイム着席　　P.59
提出物　　P.60
当番活動　　P.73
友達づくり（遊び仲間）　　P.79
トラブル対応　　P.85

な

夏休み
　　夏休み思い出発表会　　P.97
　　夏休み作品展　　P.97
　　夏休みの計画づくり　　P.91
日直の仕事　　P.68
2分の1成人式　　P.135
ノートのとり方　　P.71
行動の修正　　P.116

は

発表の仕方　　P.70，97，119
話し合い　　P.71，106
話の聞き方　　P.61
班
　　班決め　　P.99，106
　　班長会議　　P.103，105，132
評価の説明　　P.91
冬休みの計画　　P.127
振り返り活動　　P.90，108，117，126，141

保護者会　　P.75，85，91，137
保護者対応
　　保護者への連絡　　P.65
　　トラブルの連絡　　P.85
保護者面談　　P.123
ボランティア　　P.131

ま

学び合い（相談）　　P.132
認め合い活動　　P.79，97，107，109，117，126，133
持ち物　　P.61

や

役割活動の意義　　P.130
役割分担　　P.62
よいところ見つけ　　P.79，107

ら

リーダーとフォロワー　　P.78，120
　　フォロワーの約束　　P.131
　　リーダー会議　　P.132
リフレーミング　　P.125
リレーション　　**P.13，36**
ルール　　**P.12，36**
　　ルールの意義　　P.69

ルールの再確認　　P.94
　　　ルールの見直しの仕方　　P.105
連絡帳　P.65
ロールプレイ　　P.94
6年生を送る会　　P.134

わ

忘れ物チェック　P.61

編著者紹介

河村茂雄（かわむら・しげお）

早稲田大学教育・総合科学学術院教授。筑波大学大学院教育研究科カウンセリング専攻修了。博士（心理学）。公立学校教諭・教育相談員を経験し，岩手大学助教授，都留文科大学大学院教授を経て，現職。日本カウンセリング学会理事。日本教育心理学会理事。日本教育カウンセリング学会常任理事。日本教育カウンセラー協会岩手県支部長。論理療法，構成的グループエンカウンター，ソーシャル・スキル・トレーニング，教師のリーダーシップと学級経営について研究を続ける。「教育実践に生かせる研究，研究成果に基づく知見の発信」がモットー。著書：『教師力』『教師のためのソーシャル・スキル』『心のライフライン』（誠信書房）。『学級経営に生かすカウンセリングワークブック』（金子書房）。『学級崩壊予防・回復マニュアル』『グループ体験による学級育成プログラム』『授業スキル』『楽しい学級生活を送るためのアンケートQ-U』『学級担任の特別支援教育』『学級ソーシャルスキル』（図書文化）。『若い教師の悩みに答える本』（学陽書房）など多数。

藤村一夫（ふじむら・かずお）

岩手県出身。盛岡市在住。紫波町立日詰小学校教諭。NPO日本教育カウンセラー協会認定学級経営スーパーバイザー，上級教育カウンセラー。学校心理士。岩手大学大学院教育研究科修了。河村茂雄に師事し，学級崩壊・不登校などを予防する学級経営を研究している。CSSの抽出に携わり，実践・研究を重ねてきた。「2003年日本カウンセリング学会学校カウンセリング松原記念賞」受賞。著書：『授業スキル』『Q-U式学級づくり』『学級ソーシャルスキル』『学級クライシス』『Q-Uによる学級経営スーパーバイズ・ガイド』（共著，図書文化）ほか。

浅川早苗（あさかわ・さなえ）

都留市立禾生第一小学校教諭。上級教育カウンセラー。日本カウンセリング学会認定カウンセラー。学校心理士。都留文科大学大学院臨床教育実践学専攻を修了。河村茂雄教授に師事し，Q-Uを活用した学級経営について，校内研究会や各種研修会で講師を務めている。著書：『Q-U式学級づくり』（共著，図書文化），『学級担任の特別支援教育』『集団を育てる学級づくり12か月』『学級タイプ別　繰り返し学習のアイデア』（分担執筆，図書文化），『学級ソーシャルスキル』（編集協力，図書文化），『若い教師の悩みに答える本』（分担執筆，学陽書房）ほか。

（肩書きは執筆時点のもの）

Q-U式学級づくり　小学校中学年
―ギャングエイジ再生「満足型学級」育成の12か月―

　　2009年11月 1 日　　初版第 1 刷発行［検印省略］
　　2017年10月10日　　初版第 7 刷発行

編　著　ⓒ河村茂雄・藤村一夫・浅川早苗
発行者　福富　泉
発行所　株式会社 図書文化社
　　　　〒112-0012　東京都文京区大塚 1 - 4 -15
　　　　Tel 03-3943-2511　Fax 03-3943-2519
　　　　振替 00160-7-67697
　　　　http://www.toshobunka.co.jp/
装　幀　本永惠子デザイン室
イラスト　三輪一雄
　　　　　松永えりか（フェニックス）
DTP　　松澤印刷株式会社
印刷・製本　株式会社 厚徳社

JCOPY　<出版者著作権管理機構 委託出版物>
本書の無断複写は著作権法上での例外を除き禁じられています。複写される場合は，そのつど事前に，出版者著作権管理機構（電話 03-3513-6969, FAX 03-3513-6979, e-mail: info@jcopy.or.jp）の許諾を得てください。

乱丁・落丁本はお取り替えいたします。
定価はカバーに表示してあります。

ISBN 978-4-8100-9549-4　C3337

図でわかる 教職スキルアップ シリーズ 全5巻

初任から10年めの教師に贈る，一生モノのシリーズ

Ａ５判・約180頁　本体各 1,800 円／本体セット 9,000 円

**教師の間で受け継がれてきた教職のスキルを，
学問的背景や幅広い実践経験にもとづいてまとめました。**

教職についたその日から，すぐに求められる5つのテーマ

▶ **1 子どもに向きあう授業づくり**　　　　　　　　　　生田孝至 編集
　－授業の設計，展開から評価まで－
　授業の基本の型を身につけ，自由自在に展開するための授業技術入門。

▶ **2 集団を育てる学級づくり12か月**　　　　　　　　河村茂雄 編集
　学級づくりの原理と教師の具体的な仕事を，1年間の流れにそって提示。

▶ **3 学びを引き出す学習評価**　　　　　　　　　　　　北尾倫彦 編集
　自らのなかに評価規準をもち，意欲をもって学び続ける子どもを育てる。

▶ **4 社会性と個性を育てる毎日の生徒指導**　　　　犬塚文雄 編集
　新しい荒れに迫る，「セーフティ」「カウンセリング」「ガイダンス」「チーム」
　の視点。

▶ **5 信頼でつながる保護者対応**　　　　　　　　飯塚峻・有村久春 編集
　かかわりのなかで保護者と信頼関係を築くための具体策。

シリーズの特色

要点をビジュアル化した図やイラスト
どこからでも読める読み切り方式
実用性を追求し，内容を厳選した目次

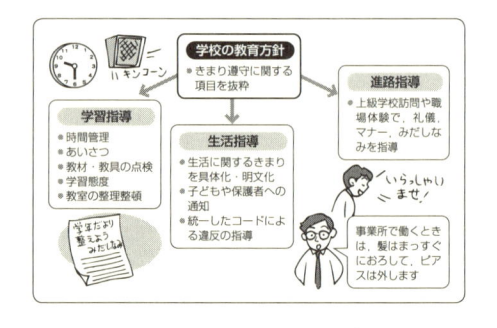

図書文化

※定価には別途消費税がかかります

構成的グループエンカウンターの本

必読の基本図書

構成的グループエンカウンター事典
國分康孝・國分久子総編集　Ａ５判　**本体：6,000円＋税**

教師のためのエンカウンター入門
片野智治著　Ａ５判　**本体：1,000円＋税**

自分と向き合う！究極のエンカウンター
國分康孝・國分久子編著　Ｂ６判　**本体：1,800円＋税**

エンカウンターとは何か　教師が学校で生かすために
國分康孝ほか共著　Ｂ６判　**本体：1,600円＋税**

エンカウンター スキルアップ　ホンネで語る「リーダーブック」
國分康孝ほか編　Ｂ６判　**本体：1,800円＋税**

目的に応じたエンカウンターの活用

エンカウンターで保護者会が変わる　小学校編・中学校編
國分康孝・國分久子監修　Ｂ５判　**本体：各2,200円＋税**

エンカウンターで不登校対応が変わる
國分康孝・國分久子監修　Ｂ５判　**本体：2,400円＋税**

エンカウンターで学級づくりスタートダッシュ　小学校編・中学校編
諸富祥彦ほか編著　Ｂ５判　**本体：各2,300円＋税**

エンカウンター　こんなときこうする！　小学校編・中学校編
諸富祥彦ほか編著　Ｂ５判　**本体：各2,000円＋税**　ヒントいっぱいの実践記録集

どんな学級にも使えるエンカウンター20選・中学校
國分康孝・國分久子監修　明里康弘著　Ｂ５判　**本体：2,000円＋税**

どの先生もうまくいくエンカウンター20のコツ
國分康孝・國分久子監修　明里康弘著　Ａ５判　**本体：1,600円＋税**

10分でできる　なかよしスキルタイム35
國分康孝・國分久子監修　水上和夫著　Ｂ５判　**本体：2,200円＋税**

多彩なエクササイズ集

エンカウンターで学級が変わる　小学校編　中学校編　Part 1～3
國分康孝監修　全3冊　Ｂ５判　**本体：各2,500円＋税**　Part1のみ**本体：各2,233円＋税**

エンカウンターで学級が変わる　高等学校編
國分康孝監修　Ｂ５判　**本体：2,800円＋税**

エンカウンターで学級が変わる　ショートエクササイズ集　Part 1～2
國分康孝監修　Ｂ５判　**本体：①2,500円＋税　②2,300円＋税**

図書文化

※本体には別途消費税がかかります

河村茂雄の学級経営

●Q-U

学級づくりのためのQ-U入門
A5判 本体1,200円+税

Q-Uによる 特別支援教育を充実させる学級経営
B5判 本体2,200円+税

Q-Uによる 学級経営スーパーバイズ・ガイド 小学校／中学校／高校
B5判 本体3,000~3,500円+税

●シリーズ事例に学ぶ Q-U式学級集団づくりのエッセンス

集団の発達を促す学級経営 小学校(低／中／高)／中学校／高校
B5判 本体2,400~2,800円+税

実践「みんながリーダー」の学級集団づくり
小学校／中学校　B5判 本体各2,400円+税

●学習指導

授業づくりのゼロ段階
A5判 本体1,200円+税

授業スキル 小学校編／中学校編
B5判 本体各2,300円+税

学級タイプ別 繰り返し学習のアイデア
小学校編／中学校編
B5判 本体各2,000円+税

●学級集団づくり

学級集団づくりのゼロ段階
A5判 本体1,400円+税

学級リーダー育成のゼロ段階
A5判 本体1,400円+税

Q-U式学級づくり 小学校(低学年／中学年／高学年)／中学校
B5判 本体各2,000円+税

学級集団づくりエクササイズ 小学校編／中学校編
B5判 本体各2,400円+税

●特別支援教育

ここがポイント 学級担任の特別支援教育
B5判 本体2,200円+税

特別支援教育を進める学校システム
B5判 本体2,000円+税

ワークシートによる 教室復帰エクササイズ
B5判 本体2,300円+税

●学級経営の理論的構築

日本の学級集団と学級経営
A5判 本体2,400円+税

こうすれば学校教育の成果は上がる
A5判 本体1,000円+税

●ロングセラー

学級崩壊 予防・回復マニュアル
B5判 本体2,300円+税

タイプ別 学級育成プログラム
小学校／中学校　B5判 本体各2,300円+税

学級ソーシャルスキル 小学校(低学年／中学年／高学年)／中学校
B5判 本体2,400円~2,600円+税

図書文化